AF203044

ElviEra Kensche

Gereimte Ungereimtheiten Querbeet

©2021 ElviEra Kensche
Zeichnungen (Platzhalter) © Dani D'Arco
Verlag & Druck: tredition GmbH, Halenreihe 40-44,
22359 Hamburg

978-3-347-22489-6 (Paperback)
978-3-347-22490-2 (Hardcover)
978-3-347-22491-9 (e-Book)

**Der Reinerlös aus dem Verkauf
des Buches geht an
Tierschutzorganisationen.**

In diesem Buch kann alles passieren.
Da haucht eine Mücke ihr Leben durch den
Dichterfürsten Goethe aus, ein Pflasterstein ver-
liebt sich in eine Mauer oder eine Nacktschnecke
geht zur Bausparkasse.

Da die Texte bunt gemischt sind, kann man
mitten im Frühling sogar auf den
Weihnachtsmann treffen.

Und dann ist da noch ein
gewisser Herr Krause, dessen Abenteuer
man im Anhang verfolgen kann.

Kurzum, nichts ist unmöglich.

Achtung!
Zu Risiken und Nebenwirkungen
fragen Sie nicht Ihren Arzt,
sondern die Autorin.

Ich wünsche viel Spaß beim Lesen.

ElviEra Kensche

ElviEra

Im zarten Alter von sechzehn Jahren
hab' das Geheimnis ich erst erfahren.

Auf dem Passamt sagte man zu mir:
„Ihr Name stand falsch auf dem Papier.
Ein zweites e fehlt in der Mitte.
Nun ändern Sie das zügig bitte."
Von nun an stand in meinem Pass
ein zweites e, wieso denn das?

Ich ging und fragte den Papa.
Der sagte mir: „Mein Kind, ach ja.
Das war hier leider ein Verseh'n,
d'rum muss es nun im Ausweis steh'n.
Der Standesbeamte", sprach Papa schüchtern,
„war bei deiner Anmeldung nicht ganz nüchtern."

„So hat das e sich eingeschlichen.
Er hat es später zwar gestrichen.
Doch dadurch war es nicht verbannt,
denn das wurde nicht anerkannt."
Ich hab' mich jahrelang gequält,
bis eine Lösung ich gewählt.

Ich möchte Michael hier nennen,
den ich in Meißen lernte kennen.
Er hatte nämlich die Idee.
Er sagte: „Schreib' das zweite e
doch einfach groß, dann fällt es auf."
Na Bravo, ich kam nie darauf.

Als ElviEra ich nun dichte.
Und so endet die Geschichte.

Die Mücke

Ich hab' mit Goethe 'ne Mücke erschlagen.
Ich konnte ihr Surren nicht mehr ertragen.
Dann stach sie mir noch ins Gesicht.
Ich dacht', das überlebst du nicht.
Ganz leise schlich ich zum Regal,
auf Goethe fiel dort meine Wahl.
Sie saß an der Wand und ich schlug zu.
Ach, wie herrlich, nun war endlich Ruh'.
Ich bin Humanist, selbst wenn ich töte.
Darum starb die Mücke unter Goethe.

Interview mit Frau Holle

Jeder denkt, ob Groß, ob Klein,
Frau Holle lebt für sich allein.
Ist das vielleicht ein Märchen nur?
Ich kam der Wahrheit auf die Spur.

Ich hab' im Kaufhaus sie entdeckt.
Da war die Neugier gleich geweckt.
Sie kaufte, sah ich mit Befremden,
Rasierzeug, Bonbons, Oberhemden?

Haben die Grimms, das wär' gediegen,
womöglich hier etwas verschwiegen?
Das ließ mir einfach keine Ruh'.
Ich bat um Aufklärung dazu.

Einen Termin ganz auf die Schnelle
gab mir die Märchenpressestelle.
Frau Holle hatte g'rade Zeit
und war zum Interview bereit.

„Ach", sprach sie „die Gebrüder Grimm
erzählen Unsinn, das ist schlimm.
Sie wissen doch gar nichts von mir.
Sie waren ja nicht einmal hier."

„Darum berichten Sie genau:
Ich bin 'ne ganz normale Frau.
Hab' einen Mann und auch zwei Knaben,
die Unsinn nur im Kopfe haben."

Und wie auf's Stichwort gab's Geschrei.
Zwei Knaben, vielleicht fünf und drei,
die flitzten da im Dauerlauf
an uns vorbei die Treppe 'rauf.

„Herrje", Frau Holle wurde bleich.
„Ich muss ins Schlafzimmer sogleich.
Denn die beiden, möcht' ich wetten,
schütteln gleich die Federbetten."

„Ich muss sie stoppen, das ist wichtig.
Sie können das noch gar nicht richtig."
Ach, deshalb gab's, dacht' ich verstohlen,
die vielen Wetterkapriolen.

Frau Holle kam die Treppe 'runter.
Sie stöhnte: „Die zwei sind zu munter.
Mein Mann ist keine Hilfe hier,
denn die Erziehung hängt an mir."

„Was macht Ihr Mann", wollte ich wissen.
„Er schüttelt selbst wohl keine Kissen?"
„Nein, nein", sprach sie, „das wär' nicht klug.
Für zwei ist's lange nicht genug."

„Mein Mann bewacht das Himmelstor.
Er steht der Eingangswache vor.
Zum Glück wird gut bezahlt der Posten,
denn Kinder nicht nur Nerven kosten."

„Bei mir läuft leider manches schief.
Ich plag' mich weit unter Tarif.
Und vom Chef auf Wolke sieben
wurd' mein Job neu ausgeschrieben."

„Drei Konkurrenten gibt es schon,
die unterbieten meinen Lohn."
„Wer sind sie?", fragte ich erstaunt.
Sie antwortete missgelaunt:

„Dornröschen", sprach Frau Holle spitz,
„die fürcht' ich nicht, die ist ein Witz.
Das Gör lag hundert Jahre 'rum
und machte keinen Finger krumm."

„Doch die zweite ist gefährlich,
das Schneewittchen, also ehrlich.
Die kennt sich doch mit Betten aus,
aus ihrer Zeit im Zwergenhaus."

„Und gestern, da bewarb sich noch
vom König Drosselbart der Koch.
Der ist nicht richtig ausgelastet,
weil dessen Frau mal wieder fastet."

„Wer nächstes Jahr für Schnee wird sorgen,
erfahre ich erst übermorgen.
Bis dahin ist noch alles offen.
Ich kann nur auf ein Wunder hoffen."

Beim Abschied war das Herz mir schwer.
Es musste eine Lösung her.
Ich wollte irgendetwas tun,
d'rum ging ich zu Dornröschen nun.

Dornröschen sprach gut aufgelegt:
„Ich hatte mich g'rad aufgeregt.
Mein Mann reist ständig „in Geschäften",
ich langweile mich hier nach Kräften."

„Ich hab' zur Arbeit keine Lust,
mein Angebot entstand aus Frust.
Gleich morgen ziehe ich's zurück
und wünsch' Frau Holle recht viel Glück."

Na, das war ja ein leichtes Spiel,
Drosselbarts Koch war nun mein Ziel.
Der stand ganz traurig vor dem Herd
und sprach: „Ich bin hier nichts mehr wert."

„Der König ist so viel auf Reisen.
Die Königin will nichts mehr speisen."
Er seufzte: „Jeder macht Diäten
und keiner schätzt noch Qualitäten."

Ich habe ihn schnell unterbrochen:
„Aber sie können so gut kochen.
Woll'n Sie Ihr Talent verschwenden
und als Bettenschüttler enden?"

„Na ja", sprach er, „es gibt zur Not
ja noch ein zweites Angebot.
Es wurde im Schlaraffenland
g'rad eine Kochstelle vakant."

„Na also", sprach ich zu dem Mann.
„Dann nehmen Sie die bitte an."
Er strahlte, fasste wieder Mut:
„Ich koche ja auch wirklich gut."

Er schenkte mir noch einen Kuchen,
dann ging Schneewittchen ich besuchen.
Die hatte schon von mir gehört,
und sie empfing mich ganz empört:

„Was stecken Sie sich denn dazwischen.
Was wagen Sie sich einzumischen?"
Schneewittchen war nicht mehr ganz nüchtern,
und dabei ist sie sonst so schüchtern.

Dann sprach Schneewittchen halb versöhnt:
„Vielleicht bin ich auch zu verwöhnt.
Ich werde meine Zeit benutzen
und hier im Schloss mal gründlich putzen."

Sie hob ihr Glas und sagte "Prost."
Ich gab den Kuchen ihr zum Trost.
Aber nun hieß es Beeilung,
rasch zur Personalabteilung.

Die wurde sicher gleich geschlossen.
Der Personalchef war verdrossen.
Er hob den Kopf von seinen Akten
und sprach zu mir: „Ich kenn' die Fakten."

„Frau Holle hängt an Job und Brauch.
Und eins ist klar, das weiß ich auch,
'ne bessere find' ich wohl kaum,
hält sie die Kinder nur im Zaum."

„Sie waren doch auch mal ein Kind",
erinnerte ich ihn geschwind.
„Nun seien Sie doch nicht so streng,
und sehen Sie das nicht so eng."

„Schon gut, Sie können ihr berichten,
ich werde nicht auf sie verzichten.
Na los, nun schwirren sie schon ab,
weil ich jetzt Feierabend hab'."

Das ließ ich mir nicht zweimal sagen
und ging schnell, ohne lang zu fragen.
Ich hatte Angst, er könnt' sich regen
und sich die Sache überlegen.

Gleich brachte ich mit frohem Sinn
die Botschaft zu Frau Holle hin.
Oh, wie sehr sie sich da freute.
Vielleicht schneit es ja noch heute?

Wo die Liebe hinfällt

Ein Pflasterstein hat sich schwer verliebt
in die Mauer, die den Weg umgibt.
Die Mauer trägt ein Efeukleid.
„Wie schön", seufzt er von Zeit zu Zeit.
Doch der Stein liegt fest vor Ort,
auch die Mauer kann nicht fort.
Sie schmachten sich von weitem an,
und niemand ihnen helfen kann.
Darüber wird die Mauer grau.
Dem Pflasterstein wird ziemlich flau.
Da liegt er zwischen den Verwandten
und bröckelt langsam an den Kanten.
Ein Happy End bei der Geschicht',
das ist hier leider nicht in Sicht.

**Das Ganze lässt mir keine Ruh'.
Ich dichte einfach eins dazu:**

Die Mauer wird nach vielen Jahren
ganz abgebaut und fortgefahren.
Die ganze Straße wird verschoben,
der Pflasterstein wird angehoben.
Weil der Stein schon so lädiert,
wird er einfach aussortiert.
Im Bauhof trifft er auf die Mauer.
Diese lächelt: „Ich bedauer'.
Ich bin nicht mehr in einem Stück."
„Das macht nichts", seufzt der Stein vor Glück.

Nun sind die Liebenden vereint.
Ein schönes Ende, wie mir scheint.

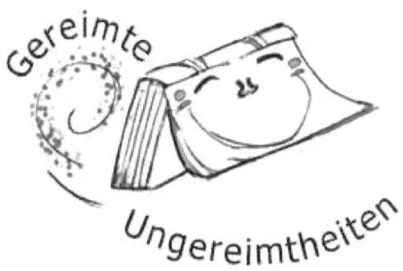

Abends am Strand

Ich hab' den Strand für mich allein,
die Wellen und den Wind.
Ich sammle schöne Muscheln ein,
als wär' ich noch ein Kind.

Die Muscheln steck' ich in die Tasche
und schau mich suchend um.
Da vorne seh' ich eine Flasche,
sie liegt am Strand herum.

Die Neugier wird in mir geweckt
und auch die Fantasie.
Ob eine Botschaft darin steckt?
Wenn ja, von wem ist die?

Vielleicht kommt sie aus fremden Landen,
aus einer fernen Zeit?
Und musste sie genau hier stranden,
liegt nur für mich bereit?

Die Flasche zieht mich magisch an.
Ich heb' sie zögernd auf.
Ich glaub' nicht, was ich lesen kann:
Es steht „For you" darauf.

Doch die Enttäuschung ist dann groß.
Mir fehlen fast die Worte.
Denn ach, „For you" ist leider bloß
'ne Limonadensorte.

Das letzte Streichholz

Der Strom fällt aus, es bläst der Wind
zum Fenster noch hinein.
Der bläst die Kerze aus geschwind.
Ja, muss das denn jetzt sein?

Im Dunkeln schleicht man sich zum Schrank
und fängt an zu tasten.
Dann findet man auch, Gott sei Dank,
Streichhölzer im Kasten.

Man schlägt das Briefchen auf, oh Schreck.
Ein Streichholz ist noch drin.
Die anderen sind alle weg.
Wo sind sie denn nur hin?

Ein letztes Streichholz, denkt man dann,
mehr brauche ich ja nicht.
Ich zünde meine Kerze an.
Dann hab' ich wieder Licht.

Das letzte Streichholz ist schon alt.
Und nun geht es ganz fix.
Es zischt, es brennt, dann wird es kalt.
Man denkt, das war wohl nix.

Das letzte Streichholz ist verbrannt.
Ach, sieht es elend aus.
Besser es sind, hat man erkannt,
genug davon im Haus.

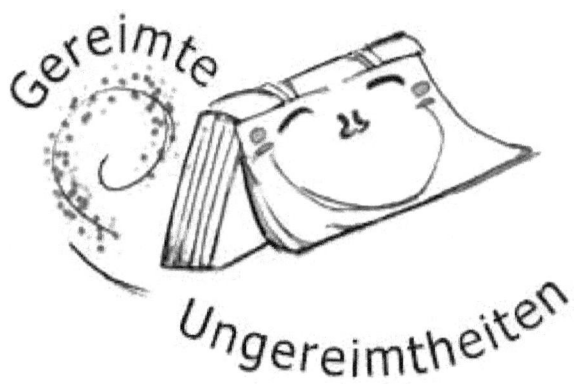

Eiskalte Liebe

Im Garten vor dem Reihenhaus
steht ganz allein der Schneemann Klaus.
Das Haus, das trägt die Nummer zwei,
zehn Häuser steh'n hier in der Reih.

Der Klaus sieht chic aus, keine Frage,
so was sieht man nicht alle Tage.
Er trägt 'nen Hut mit blauem Band
und einen Schal, sehr elegant.

Die letzte Möhre aus dem Beet
als Nase ihm vorzüglich steht.
Seine Augen sind aus Glas,
denn man heizt ja heut' mit Gas.

Und genau aus diesem Grund
fehlten Kohlen für den Mund.
Der ist natürlich trotzdem da.
Er lacht und ist aus Paprika.

Das sieht so aus, als sei er froh,
doch tut der Schneemann Klaus nur so.
Denn er spürt die ersten Triebe,
und er sehnt sich nach der Liebe.

Ganz hinten vor Haus Nummer zehn
hat er 'ne Schneefrau schon geseh'n.
Ach ja, die wär, denkt er bei sich,
genau die Richtige für mich.

Im Traum stellt Klaus sich manchmal vor,
er flüstert Nettes ihr ins Ohr.
Er küsst sie und sie küsst zurück.
Dann lächelt er ganz still vor Glück.

Doch leider – es ist nur ein Traum,
und Wirklichkeit wird er wohl kaum.
Und während hell die Sonne scheint
der Schneemann Klaus vor Kummer weint.

In Nummer zwei, da wohnt Herr Krause.
Er denkt beim Blick aus seinem Hause:
Was ist mit meinem Schneemann los?
Er ist so klein, war g'rad noch groß.

Er zieht sich Schal und Handschuh' an.
Mal seh'n, ob ich was machen kann.
Schnee gibt's genug, denn es ist kalt,
das haben wir doch sicher bald.

Und siehe da, mit viel Geschick
ist Klaus bald wieder rund und dick.
Herr Krause freut sich, pfeift ein Lied,
und Klaus wieder zur Schneefrau sieht.

Wie kann ich sie denn nur erreichen?
Wie geb' ich ihr ein kleines Zeichen?
Und die Erkenntnis trifft ihn sehr:
Wer liebt, der hat es ziemlich schwer.

Was der Schneemann Klaus nicht weiß,
auch der Schneefrau wird's schon heiß.
Sie heißt Marie, ist sehr adrett,
und einen Mann sie auch gern hätt'.

Marie steht vor Haus zehn im Garten
und kann es gar nicht mehr erwarten.
Wie fühlt man sich denn so als Frau?
Das wüsste sie gern ganz genau.

Der Schneemann vor Haus zwei mit Hut
gefällt ihr ganz besonders gut.
Versonnen denkt sie: Gar nicht schlecht,
der käme mir gerade recht.

Doch eins ist dem Mariechen klar:
Aus uns wird nie ein Liebespaar.
Wir kommen beide nicht vom Fleck,
und ach, er ist ja so weit weg.

Im Hause zehn wohnt der Herr Kaune
und er ist selten guter Laune.
Er zieht ein grimmiges Gesicht.
Herrjeh, ich mag die Schneefrau nicht.

Mich graust es, wenn ich so was seh',
doch halt, mir kommt da 'ne Idee.
Bei Krause steht auch so ein Ding.
Wenn ich die nun zusammen bring'?

Er greift sogleich zum Telefon.
„Herr Krause, ach da sind Sie schon.
Ich stör' nur ungern, tut mir leid,
doch haben Sie für mich 'mal Zeit?"

„Die Enkel war'n zu Gast bei mir
und bauten eine Schneefrau hier.
Doch wenn ich mal ganz ehrlich bin,
hab' ich nicht viel damit im Sinn."

„Herr Nachbar, d'rum möcht' ich Sie bitten,
wir stellen sie auf einen Schlitten
und bringen sie, das wär' doch klug,
zu Ihnen, Platz ist ja genug."

Hmm, denkt sich dieser, das ist fein.
Mein Schneemann steht da so allein.
„Herr Kaune" sagt er, „gar nicht dumm,
ich komme gleich zu Ihnen 'rum."

Zusammen mit vereinter Kraft
ist dieses Werk auch schnell geschafft.
Und Seit' an Seit', da stehen sie,
der Schneemann Klaus und die Marie.

Marie trägt einen Kranz aus Seide.
Ein schönes Paar, sie lächeln beide.
Herr Krause meint: „Es ist so Brauch,
ein Hochzeitsfest gibt es jetzt auch."

„Für jeden gibt's, weil's lecker schmeckt,
Zitroneneis und kühlen Sekt."
Na, das verbreitet sich ganz schnell,
d'rum sind die Nachbarn gleich zur Stell'.

Und alle feiern fröhlich mit,
auch aus Haus sieben, die Frau Schmidt.
Ja, sogar Herr Kaune lacht.
Und dann folgt die Hochzeitsnacht.

Marie und Klaus haben am Morgen
ihr erstes Kind schon zu versorgen.
Wie's kam, das ist geheim geblieben.
Wer weiß, was sie im Dunkeln trieben.

Und wenn sie nicht geschmolzen sind,
dann haben sie bald noch ein Kind.
D'rum lassen wir sie jetzt in Ruh',
der Schnee deckt ihr Geheimnis zu.

Der Nagel

Ein Nagel denkt sich voller Pein:
Seh' ich den Hammer, könnt' ich schrei'n.
Gleich trifft er wieder meinen Kopf.
Ich bin ein ziemlich armer Tropf.
Doch weiß ich auch, es hat der Hammer
ja nicht mal Schuld, das ist der Jammer.
Es ist die Hand ja, die ihn führt,
wenn mich der Hammerkopf berührt.
Ist sie geschickt, tut's nicht so weh,
ein Schlag nur, doch oh je oh je,
es geht ja leider oft nicht schnell.
Dann schlägt man auf die gleiche Stell',
bis ich vor Schmerzen mich verbiege.
Wen wundert's, wenn ich Panik kriege.
Dabei bin ich so rank und g'rade.
Weglaufen kann ich nicht, wie schade.

Romeo und Julia im Dorfteich

Ein Karpfen namens Romeo
liebt die Forelle Julia.
Doch leider werden sie nicht froh,
denn der Vater sagt nicht ja.

Der alte Karpfen ist dagegen.
„Eine Forelle geht doch nicht."
Darum verweigert er den Segen.
Für Ortrud dafür alles spricht.

Ortrud, das dicke Karpfenweib
will Romeo so gar nicht frei'n.
Er liebt Julias schlanken Leib,
der ist so zart, der ist so fein.

Doch Romeo hat die Idee.
„Komm Julia, wir hauen ab.
Der Durchgang führt zum Nachbarsee."
Ohje, sie schwimmen in ihr Grab.

Ein Fischer steht am Ufer dort.
Sie sind genau ins Netz geschwommen.
Nun trägt die Liebenden er fort.
Ihr letztes Stündlein ist gekommen.

Noch schwimmen beide in der Wanne
und ahnen nicht, was gleich passiert.
Dann landen sie in einer Pfanne
und werden knusprig braun serviert.

So sind im Tod sie nun vereint
wie einst das berühmte Paar.
Doch keiner eine Träne weint,
weil die Mahlzeit lecker war.

Frühstückszeit

Frühstückszeit ist die schönste Zeit.
Starker Kaffee steht schon bereit.
Ich decke meinen Frühstückstisch,
die Brötchen sind noch warm und frisch.
Schinken, Käse und ein Ei,
Butter ist auch mit dabei.
Und wenn mir danach ist gerade,
stell' ich dazu auch Marmelade.
Dann wird gänzlich ungehemmt
und ganz ausgiebig geschlemmt.
Das Mittagessen lass' ich aus.
Ich bin noch satt von diesem Schmaus.

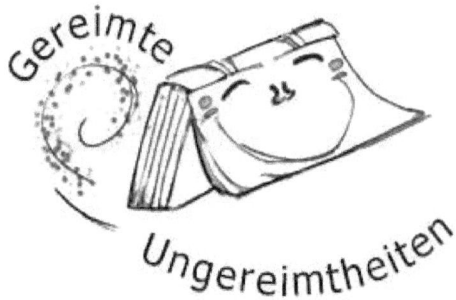

Affenliebe

Ein Orang-Utan, er heißt Klaus,
hält es vor Einsamkeit kaum aus.
Da schaut er sich im Urwald um.
Läuft irgendwo ein Weibchen 'rum?

Wir Männchen sind, denkt er voll Qual,
hier leider in der Überzahl.
Doch da hat er ein Weib entdeckt.
Es hat ganz schüchtern sich versteckt.

Das Weib, ach ja, es heißt Brigitte,
schaut zu ihm hin, Klaus denkt: Na bitte!
Er wirft ihr eine Kusshand zu.
Da wird Brigitte rot im Nu.

Und Klaus denkt sich: Jetzt oder nie.
Ich geh' zu ihr und küsse sie.
Er träumt verzückt vom ersten Kuss,
doch leider kommt er nicht zum Schuss.

Der Casanova Waldemar
steht plötzlich da und ihm wird klar:
Gegen den komm' ich nicht an,
weil der ja besser küssen kann.

Was Waldemar dann auch gleich tut,
und die Brigitte findet's gut.
Sie schmilzt dahin in seinen Armen,
doch Waldemar kennt kein Erbarmen.

Denn nach dem Kuss sagt er: „Ich geh',
weil ich Renate g'rade seh'."
Brigitte bleibt enttäuscht zurück,
und Klaus hofft wieder auf sein Glück.

Es gibt für ihn kein Halten mehr.
Er sagt zu ihr: „Ich lieb' dich sehr."
Sie schaut ihn an mit nassen Augen.
„Ach", sagt sie, „du wirst auch nichts taugen."

Klaus küsst zart ihre Tränen fort.
„Glaub' mir Brigitte, ich halt' Wort."
Da sagt Brigitte nicht mehr nein.
Sie flüstert: „Ich will bei dir sein."

Wie die Geschichte weitergeht?
Na, das verschweig' ich ganz diskret.

Der Osterhase aus Hefeteig

Geformt mit liebevollen Händen,
dann in den Ofen, eins, zwei, drei.
Wird er wie alle Hasen enden,
sein kurzes Leben schnell vorbei?

Auch dieser bleibt nicht ungeschoren.
Ein kurzer Biss, schon ist's gescheh'n.
Dem Häschen fehlen beide Ohren.
Oh je, wie wird das weiter geh'n?

Ein zweiter Biss, schon fehlt die Nase.
Der Kopf bleibt auch nicht lange d'ran.
Dass dieser Rest war mal ein Hase
man jetzt nur noch erahnen kann.

Das Schwänzchen bleibt noch bis zum Schluss,
dann ist er weg mit Haut und Haar.
Man reibt den Bauch: „Welch ein Genuss"
und freut sich schon auf nächstes Jahr.

Der Hase hatte Kalorien,
zeigt leider sich am nächsten Tage.
D'rum rate ich, verzehre ihn,
doch steig' danach nicht auf die Waage.

Der Jäger
(nach einer Meldung, dass ein Landwirt auf einem Hochsitz ein Skelett fand)

Ein Jäger auf dem Hochsitz lauert.
Er will den Bock, der groß und stolz
verschwand vor ihm im Unterholz.
Der Jäger wartet, doch es dauert.

Der Jäger wartet ganz geduldig,
denn er will ohne Jägerglück
nicht in sein Jägerhaus zurück.
Das ist er seiner Ehre schuldig.

Der stolze Bock, er bleibt verschwunden.
Der Jäger wartet wochenlang.
Allmählich wird's dem Jäger bang.
Nun hat man sein Skelett gefunden.

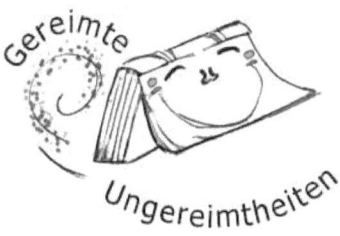

Frühlingsgefühle

Der Frühling kam g'rad über Nacht.
Da ist der Krokus aufgewacht.
Schräg neben ihm steht ganz allein
ein Schneeglöckchen, so zart und fein.
Wie leuchtet es im Unschuldsweiß.
Dem armen Krokus wird ganz heiß.
„Ach", flüstert er, „du Schöne du."
Da schließt es scheu ihr Köpfchen zu.
Die Sonne hat's genau geseh'n.
Sie denkt, da muss etwas gescheh'n.
Das Schneeglöckchen wird hart getroffen
vom Sonnenstrahl, schon ist es offen.
Es schaut verliebt den Krokus an.
Der wächst, er ist halt auch ein Mann.
„Ach Liebste", ruft er ihr entgegen.
„Die Sonne gibt uns ihren Segen.
Lass Hochzeit halten uns im Nu.
G'rad fliegt die Biene auf uns zu."
Was darauf folgt, das weiß man ja.
Dazu sind Bienen schließlich da.
D'rum kann ich es diskret verschweigen.
Und was d'raus wird? Es wird sich zeigen.

Woll'n wir wetten?

Der Weihnachtsmann ist sehr beliebt,
wenn fröhlich er den Schlitten lenkt,
weil's dann von ihm Geschenke gibt.
Doch oft kommt's anders, als man denkt.

Denn wer in diesem Jahr d'rauf achtet,
dem fällt was ganz Besond'res auf,
wenn er den Schlitten sich betrachtet:
Da sitzt der Osterhase d'rauf.

Und jeder fragt sich: Was ist los?
Was ist denn nun wieder gescheh'n.
Was macht der Osterhas' da bloß?
Wie konnte das nur vor sich geh'n?

Das ist 'ne lustige Geschicht'
und so 'was gab es wohl noch nie.
Doch was nun stimmt an dem Bericht
sagt uns allein die Fantasie.

Der Weihnachtsmann liebt roten Wein.
Er genießt ihn oft und gern.
Und darum kehrt er manchmal ein
in die Bar „**Zum Blauen Stern**".

So ist es neulich auch gewesen.
Doch eines, das war dumm:
Denn es saß da vergnügt am Tresen
der Osterhase 'rum.

„So ganz allein, Herr Osterhas'?",
sprach der Weihnachtsmann.
„Komm, trink' vom Wein mit mir ein Glas
und stoß' mit mir an."

„Mit Wein", sprach dieser, „nein ich schwör',
hab' ich nicht viel im Sinn.
Ich trink' viel lieber den Likör
mit ganz viel Eiern drin."

Der Weihnachtsmann war amüsiert.
„Das ist doch nichts für Männer.
Hast du den Wein denn schon probiert?
Der ist etwas für Kenner."

Der Osterhase blieb dabei
und winkte freundlich ab.
„Ich trinke nur Likör mit Ei,
doch diesen nicht zu knapp."

Dann sprach der Hase: „Hör' mir zu,
woll'n wir 'ne Wette wagen?
Ich trink' Likör, den Wein trinkst du.
Wer kann wohl mehr vertragen?"

„Du Osterhas', du kleiner Wicht,
willst unter'n Tisch mich trinken?
Das glaubst du doch wohl selber nicht.
Du wirst vor Scham versinken."

Der Hase ist bekanntlich helle,
und auch, wer hätte das geahnt,
ein ziemlich trinkfester Geselle.
Er hatte alles schon geplant.

„Wenn du dir da so sicher bist,
dass ich niemals gewinne,
erlaub', dass ich", sprach er mit List,
„den Wetteinsatz ersinne."

„Wenn du gewinnst, gibt's dreißig Fässer
vom Wein aus allerbesten Jahren.
Doch bin ich nur ein wenig besser,
lass' mich dies' Jahr den Schlitten fahren."

„Na klar, das kannst du gerne machen."
Der Weihnachtsmann hielt sich den Bauch.
Er schüttete sich aus vor Lachen.
Der Osterhase lachte auch.

Und beide riefen gutgelaunt:
„Herr Wirt, die Gläser her."
Der Wirt, der guckte ganz erstaunt,
das gab's schon lang nicht mehr.

Doch König ist ja jeder Kunde,
denn er ist auch der Zahler.
So dachte er bei jeder Runde
und zählte schon die Taler.

Der Weihnachtsmann war schnell berauscht,
der Wein ging ihm ins Blut.
Dann hat die Gläser er vertauscht,
und dass war gar nicht gut.

Denn plötzlich hatte er entdeckt:
Der Hase hat ja Recht.
Sein Likör mit Ei, der schmeckt
ja gar nicht mal so schlecht.

Aber was schmeckt nun am besten?
Ist der Likör nicht doch zu seicht?
Er musste immer wieder testen,
ach, die Entscheidung fiel nicht leicht.

Herrjeh, man ahnt schon, wie es kam:
Es kam zur Katastrophe.
Wie die Geschicht' ihr Ende nahm
steht in der nächsten Strophe.

Der Weihnachtsmann fing an zu singen.
Na ja, es war mehr lallen.
„Bald werd' ich die Geschenke bringen."
Dann hörte man es knallen.

Und krachend er vom Hocker fiel,
da lag er auf der Nase.
Nun schnell zum Stall, ich bin am Ziel,
dachte der Osterhase.

Der Wirt war gar nicht so entzückt
und rief die Sanitäter.
Die zwei, dachte er ganz bedrückt,
bezahlen doch wohl später?

Der Weihnachtsmann hielt sich den Kopf,
ihm wurde heiß und kalt.
Er dachte sich: Ich armer Tropf,
kommt denn nicht Hilfe bald?

Mit Blaulicht und mit Martinshorn
kam schon der Krankenschlitten.
Man packte hinten ihn und vorn.
Fast wär' er noch entglitten.

Und nun liegt er im Krankenhaus
und hütet streng das Bette.
Der Hase fährt Geschenke aus,
nur wegen einer Wette.

Unglückliche Liebe

Der große Locher im Büro
hat sich ganz unsterblich verliebt.
Doch stimmt ihn das so gar nicht froh,
weil's keine Gegenliebe gibt.

Und er schaut mit weher Miene
zu der kleinen Heftmaschine.
Warum, denkt er sich traurig dann,
schaut sie mich denn nicht einmal an?

Ich bin doch groß und extra stark
und schaffe leicht fünfhundert Blatt.
Ach ja, es trifft mich bis ins Mark,
dass sie dafür nichts übrig hat.

Gereimte Ungereimtheiten

Tapetenwechsel

Die Biene summt: „Grüß Gott Frau Hummel!
Wie wär's mit einem kleinen Bummel?
Da vorn die Wiese ist so grün
und auch die Butterblümchen blüh'n."

Frau Hummel strahlt: „Ich bin so frei."
Und also fliegen alle zwei
zu der schönen Wiese hin,
süßen Nektar nur im Sinn.

Und als sie drüben angelangt
haben sie erstmal vollgetankt.
Der Nektar schmeckt so süß und fein.
Dann schlafen beide selig ein.

Die Biene ist zuerst erwacht.
„Frau Hummel", summt sie, „es ist Nacht.
Wir konnten nicht genug wohl kriegen.
Herrjeh, können wir jetzt noch fliegen?"

Das Fliegen fällt tatsächlich schwer
und beide sehen auch kaum mehr.
So kommt es, wie es kommen muss:
Die zwei verfliegen sich zum Schluss.

Sie landen, das ist sehr fatal,
mitten hinein in den Kanal.
Na, das ging beinah' in die Hose.
Zum Glück schwimmt da ein Blatt der Rose.

Da sitzen sie nun pudelnass.
Frau Hummel brummt: „Das ist kein Spaß.
Ich will nach Hause, aber schnell."
Na, Gott sei Dank, es wird bald hell.

Die Flügel sind so gut wie trocken.
Kein Grund mehr, auf dem Blatt zu hocken.
Doch das Blatt trug sie weit fort,
sehr weit weg vom Heimatort.

Die Biene summt: „Wieso zurück?
Vielleicht finden wir hier das Glück.
Am Ufer blüht so schön der Klee
und weißer Flieder, wie ich seh'."

Sie fliegen los mit ganzer Kraft.
Hurra, da haben sie's geschafft.
Frau Hummel ist im Klee gestrandet,
die Biene auf dem Flieder landet.

Im roten Klee, im weißen Flieder,
da lassen sie sich häuslich nieder.
Tapetenwechsel sieht man hier,
braucht manchmal auch ein kleines Tier.

Heiß

Ein Kaktus in der Wüste denkt:
Ach ja, mir wird auch nichts geschenkt.
Ich muss hier in der Wüste hocken.
Es ist so heiß und furchtbar trocken.
Und ich kann mich nicht bewegen.
Himmel, schick doch endlich Regen.

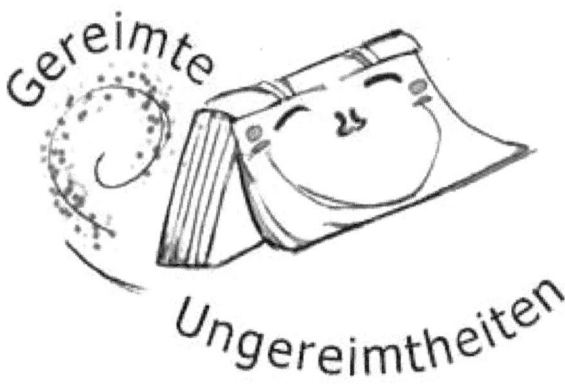

Osterhasenklage

Jedes Jahr die gleiche Leier.
Immer Ostern, ist ja toll.
Jedes Jahr die vielen Eier,
die ich bunt bemalen soll.

Wozu soll ich sie noch bemalen?
Warum wollt' Ihr die Eier bunt?
Ihr pult doch ab die bunten Schalen,
bevor sie wandern in den Mund.

Ich werde meine Werkstatt schließen,
und sie bleibt bis nach Ostern zu.
Ihr könnt' die Eier schlicht genießen.
Ich hab' genug, lasst mich in Ruh'.

Seltsame Karawane

Ein **Tiger** und ein **Elefant**,
die sich bis gestern nicht gekannt,
treffen sich in der Natur.
Ich glaub', das war Zufall nur.

Der Elefant trötet gleich froh:
„Ich heiße Karl und sag' Hallo."
Der Tiger stellt sich gleichfalls vor:
„Mein Herr, ich heiße Theodor."

Sie haben wohl das gleiche Ziel
und darum fragen sie nicht viel.
Viel besser als so ganz allein
geht man spazieren doch zu zwei'n.

Annegret, das **Känguru**
hoppelt fröhlich auch hinzu.
Dazu noch Kurt, das **Gürteltier**.
Na also, da sind es schon vier.

Adonis, ein sehr schöner **Schwan**,
schließt sich der Karawane an.
Gertrude auch, das bunte **Huhn**,
denn es hat g'rade nichts zu tun.

Als nächstes Ruth kommt, die **Giraffe**
und Sammy noch, der kleine **Affe**.
Dazu gesellt sich ohne Grund
dann auch noch Theophil, der **Hund**.

Ein **Schreitvogel** den Zug begleitet.
Wie majestätisch Herbert schreitet.
Hein, der kleine **Pinguin**,
will auch mit der Gruppe zieh'n.

Vera, die **Blindschleiche** schleicht leise.
Ihr Gatte fehlt auf dieser Reise.
Karl-Heinz, der **Adler** lässt sich treiben,
wollt' auch lieber zu Hause bleiben.

Der **Löwe** Leo brüllt gequält.
Er ist als König abgewählt.
Da hilft ihm auch kein protestieren.
Na gut, er darf noch mitmarschieren.

Gemütlich trabt auch hinterher
Karl-Eduard, der braune **Bär**.
Ben, dem **Eisbären** ist heiß,
denn es fehlt ihm Schnee und Eis.

Pablo, der **Frosch** quakt: „Es gibt Regen."
Die ander'n freu'n sich: „Welch ein Segen."
Nur Fritz, der **Schneck**, ruft ängstlich aus:
„Herrjeh, dann regnet's in mein Haus."

Frederik, das **schwarze Schaf**
ist heut' ausnahmsweise brav.
Das **weiße Schaf**, das Elsa heißt,
ist dafür ganz besonders dreist.

Alex, der **Rappe** wiehert laut.
Er hat Roswitha blind vertraut.
Doch diese hat ihn glatt versetzt.
Nie wieder Schimmel, schwört er jetzt.

Eine junge **Rappendame**,
Ettepia ist ihr Name,
sagt zu ihm: „Dann nimm doch mich.
Ich lasse dich nicht im Stich."

Und da sieht man noch ein Paar,
ungewöhnlich, aber wahr.
Max, der **Maulwurf** ist der Gatte
von Elisabeth, der **Ratte**.

Die **Orang-Utan**-Frau Brigitte
und ihr Mann Klaus sind in der Mitte.
Rolf, der **Wolf** ist auch zur Stelle.
Doch er ist noch Junggeselle.

Frieda, eine weiße **Taube**
fliegt voran und wie ich glaube,
soll sie nach Gefahren schau'n.
Ihr ist sicher zu vertrau'n.

Das Schlusslicht bildet heut' der Paul.
Das **Faultier** ist gar nicht so faul.
Na gut, der Schnellste ist er nicht,
weshalb man wohl vom Faultier spricht.

So wandert nun die Karawane.
Ihr Ziel ich lange schon erahne.
Na klar, da ist ein Wasserloch.
Sie haben Durst, dacht' ich's mir doch.

Hier sieht man Groß und Klein vereint.
Ein Paradies, so wie es scheint.
Niemand sich hier streiten will.
Sogar Leo ist ganz still.

Dann wach' ich auf aus meinem Traum.
War's Wirklichkeit? Ich glaube kaum.
Die Karawane gab es nie.
Sie lebt nur in der Fantasie.

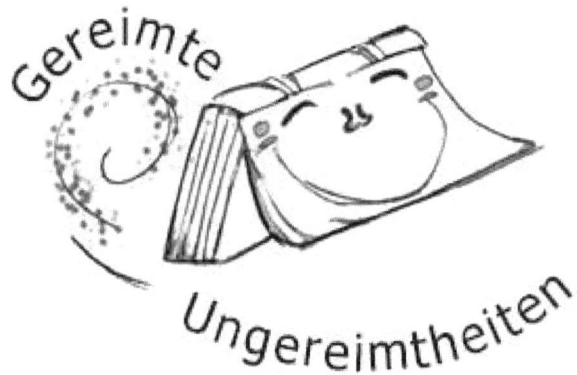

Gereimte Ungereimtheiten

Dumm gelaufen

Die Nacktschnecke ruft wütend aus:
„Verdammt, mir fehlt ein festes Haus.
Ich würd' es kaufen mir sogleich,
doch bin ich arm und gar nicht reich."
Sie fragt bei Wüstenrot nun an,
ob man beim Hauskauf helfen kann.
Es blickt sie an streng der Vertreter
und antwortet: „Vielleicht mal später,
wenn du genügend angespart."
Das trifft die Nacktschnecke nun hart.

D'rum läuft die Nacktschnecke – wie dumm,
bis heute ohne Haus herum.

Erwin

Der Bücherwurm ist gut bekannt.
Erwin wird er hier mal genannt.
Erwin sitzt im Buchregal,
freut sich an der Bücherzahl.
Frisst sich durch Bücher Blatt für Blatt,
doch Erwin wird nie richtig satt.

G'rad' fraß er sich durch's Lexikon,
nun fühlt er sich viel klüger schon.
Da hat er Wilhelm Busch entdeckt,
der ihm besonders lecker schmeckt.

Erwin kann an manchen Tagen
Rilke auch sehr gut vertragen.
Kurzum – er liebt die Poesie,
Gedichte voller Harmonie.

Und wenn er sich durch Goethe frisst,
träumt er, dass er ein Dichter ist.

Gereimte Ungereimtheiten

Erwin und Paul

Erwin hat sich durch Kant gefressen.
Nun schläft er selig ein.
Denn nach so einem schweren Essen
kann Schlaf entspannend sein.

Er träumt, dann hört er lauten Krach,
melodisch klingt das kaum.
Der Erwin ist sofort hellwach.
Wer stört da seinen Traum?

Genervt schaut sich der Erwin um.
Wer stört mich da in meiner Ruh'?
Ein Wurm knabbert am Holz herum.
„Hallo", ruft er, „wer bist denn du?"

Der fremde Wurm indes nicht faul
knabbert ins Holz ein Loch.
Dann sagt er freundlich, „ich bin Paul.
Ich hatte Hunger doch."

„Wer Hunger hat, der frisst Papier",
ruft Erwin wütend aus.
„Es steh'n genügend Bücher hier.
Zerstöre nicht mein Haus."

„Ich glaub' nicht, dass dein Haus einfällt",
Paul lachend unterbricht.
„Du hast dich noch nicht vorgestellt.
Ein Holzwurm bist du nicht."

„Ein Holzwurm", ruft da Erwin stolz,
„du bist ja ein Prolet.
Ich fresse doch kein schlichtes Holz,
wenn Goethe vor mir steht."

Zum Schluss ist nicht mehr viel zu sagen.
Jeder lebt auf seine Weise.
Die beiden haben sich vertragen.
Paul, der knabbert nun ganz leise.

Ach, Erwin

Der Erwin wünscht sich eine Frau.
In Büchern sah er ganz genau,
wie die Menschen sich vermehren
und er kann sich nicht erklären,
warum's bei denen funktioniert,
doch bei Bücherwürmern nichts passiert.

Er blickt nach unten, ihm wird klar,
es ist zwar traurig, aber wahr:
Ach, ihm fehlt zum großen Glück
genau dort ein kleines Stück.

Erwin hat Würmer schon geseh'n,
die so wie er auf Bücher steh'n.
Woher sie kommen, weiß er nicht,
weil niemand gern darüber spricht.
Das bleibt, denkt Erwin traurig nur,
wohl ein Geheimnis der Natur.

Die Zitronenkur

Zitronenkur, die ist famos,
so stand's im Schaufenster ganz groß.
Ich musste Pfunde schnell verlieren,
d'rum wollte ich es mal riskieren.

Sechs Pillen schluckte ich – zehn Tage –,
stieg jeden Morgen auf die Waage.
Doch leider hatte ich kein Glück,
der Zeiger, er ging nicht zurück.

Im Gegenteil, ich sah benommen,
ich hatte sogar zugenommen.
Was soll das, dacht' ich voller Wut.
Zitronenkur? Die ist nicht gut.

Und die Moral von der Geschicht',
es verlor eine nur Gewicht:
Die Börse, vorher noch recht schwer,
ist nach der Kur nun leider leer.

Blauer Montag

Es sagt der Hahn zu seiner Frau:
"Elfriede, komm', wir machen blau.
Wir üben uns heut' in Verzicht.
Du legst kein Ei, ich krähe nicht."

„Fein", sagt Elfriede ganz verzückt.
Schon sind die beiden ausgerückt.
„Und was", fragt Fritz, der stolze Hahn,
„fangen wir mit der Freizeit an?"

Elfriede sagt: „Ich wüsst' schon was.
Komm' mit mir in das hohe Gras."
Was sie dort tun? Ich bleib' diskret.
Es weiß doch jeder, wie das geht.

Elfriede gackert plötzlich laut.
Und als sie dann nach unten schaut
liegt dort ein Ei, so schön wie nie.
Und der Fritz kräht: „Kikeriki."

Da sagt der Fritz zu seiner Frau.
„Wir machen morgen wieder blau."

Salat ist gesund

Wer mit den Tieren Mitleid hat,
ernährt sich gerne von Salat.
Kopfsalat, Tomaten, Mais
liebt der Tierfreund ja so heiß.

Radieschen mag er auch dabei
und obenauf ein hartes Ei.
Auch Käse muss er nicht vermissen.
Es bleibt doch rein ja sein Gewissen.

Doch lebt der Tierfreund ganz vegan,
fängt das Problem von vorne an.
Dann darf er nur das Grünzeug essen,
kann Ei, auch Käse, ganz vergessen.

Ich selbst seh' alles nicht so eng
und bin bei weitem nicht so streng.
Zwar ess' Salat ich auch mal gern,
doch ganz vegan, das liegt mir fern.

Käse ist für mich ein Muss,
Schinken gar ein Hochgenuss.
Denn ich habe ja entdeckt,
dass Salat so richtig schmeckt.

Arme Orchidee

Wenn auf mein Fensterbrett ich seh',
erblick' ich eine Orchidee.
Obwohl, kann man das noch erkennen
und Orchidee sie noch benennen?
Denn diese Orchidee, sie hat
noch nicht mal mehr ein Blütenblatt.
Nur grüne Blätter hängen schlapp
rechts und auch links am Topf herab.
Die Mutti hat sie mir geschenkt.
Ich sagte gleich, „sei nicht gekränkt,
wenn sie bei mir geht langsam ein.“
„Nein“, sprach sie, „bös' werd' ich nicht sein.
Doch wird die Pflege dir gelingen
und wird dir sicher Freude bringen.“

Die Orchidee wurd' unterdessen
im Fenster von mir ganz vergessen.
Aus war sehr schnell der Blütentraum,
denn Wasser, das bekam sie kaum.
Dann fragte meine Mutti doch:
„Die Orchidee, blüht sie denn noch?“
Ich sagte es ihr auch ganz offen:
„Ich glaub', da kann man nicht mehr hoffen.“

Ohje, da hörte ich ihn schon,
den vorwurfsvollen Unterton:
„Du hast sie doch im Fenster steh'n.
Wie kannst du sie da überseh'n?
Ich versteh' wirklich nicht, mein Kind,
wo stets deine Gedanken sind."

„Ach Mutti, das verstehst du nicht?
Sieh her, sie sind in dem Gedicht."

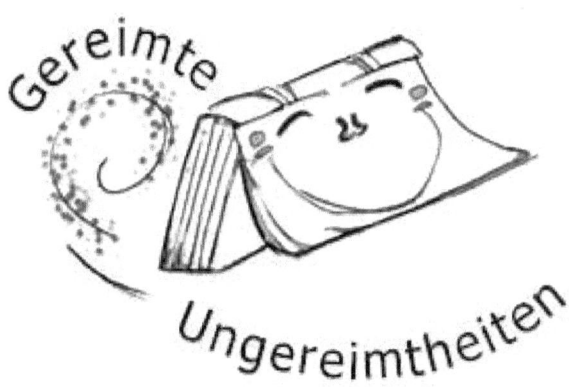

Das Klopapier

Ob König oder Bettelmann,
ein jeder Mensch braucht dann und wann
das bewusste Stück Papier,
Klopapier nennt man es hier.

Man kann natürlich unterscheiden.
Will er Verletzungen vermeiden
entscheidet sich der Mensch sogleich
für dreilagig und extraweich.

Der Mensch, der ziemlich abgehärtet,
die Marke „Sandpapier" verwertet.
Und der Typ genau dazwischen
möchte mittelweich sich wischen.

Die Sekretärin denkt sich schlau,
für das Büro reicht schlichtes grau.
Im Angebot und mittelhart,
weil unser Chef ja gerne spart.

Da klingelt beim Chef das Telefon.
Ein Vertreter fragt mit Jammerton
ob er denn gar nichts übrig hätte
für die Behindertenwerkstätte.

Da seine Stimmung heute heiter
verbindet er den Mann gleich weiter.
Man sollte doch, hört man ihn fordern,
das Klopapier von diesem ordern.

Die Sekretärin staunt nicht schlecht,
aber der Chef hat immer Recht,
denkt sie sich ganz ohne schmollen
und bestellt zwölf Dutzend Rollen.

Ein kleines Weilchen dauert's nur,
dann steh'n zwei Kisten auf dem Flur.
Zwölf Dutzend Superflausch – oho -,
welch' eine Wohltat für den Po.

Aber die Freude währt nicht lange.
Die Rechnung kommt, dem Chef wird bange.
Und er fragt: „Was, soviel Geld?
Wer hat das denn nur bestellt?"

„Sie haben es mir aufgetragen",
hört man die Sekretärin sagen.
„Ich kaufe sonst sehr günstig ein,
doch Sie wollten spendabel sein."

„Sie haben Recht", stöhnt er, „wie wahr,
doch eins wird mir jetzt sonnenklar:
Wir wurden reingelegt – fatal -,
so was passiert kein zweites Mal."

Und die Moral von der Geschicht':
ein wenig Vorsicht schadet nicht.
Am Schluss nur der Verkäufer lacht,
der aus der Not Geschäfte macht.

Taubenbraten

Mit fragenden Augen schaut sie mich an,
die Taube in der Stadt.
Und mir ist's, als ob ich verstehen kann:
„Ich bin noch längst nicht satt."

Ein Stückchen Brot geb' ich ihr noch
und denk' an alte Zeiten.
Die Oma konnte Tauben doch
so lecker zubereiten.

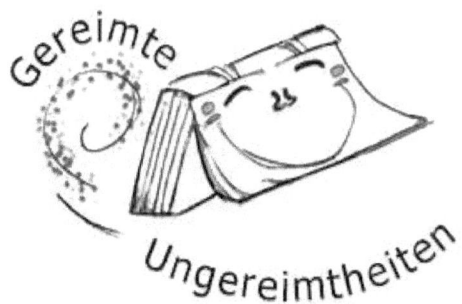

Der alte Saaldiener im Bundestag

Blond war er, als er hier begann,
das war vor vielen Jahren.
Und heut' ist er ein alter Mann
mit stark ergrauten Haaren.

Langsam schlurft er durch den Saal,
hebt kaum die Füße mehr.
Und er seufzt so manches Mal,
die Füße sind so schwer.

Er war Diener schon in Bonn,
dann zog er an die Spree.
Manchmal träumt er noch davon,
dann tut das Herz ihm weh.

Er wollte selbst einst Kanzler sein.
Und in der Fantasie
war er ganz groß, die ander'n klein.
Geschafft hat er das nie.

Doch manchmal zieht ganz unverhofft
ein Lächeln durch's Gesicht.
Er reichte Wasser schon so oft,
ihm konnte man das nicht.

Flohzirkus

Ein Flohzirkus kommt in die Stadt
mit neuer Sensation,
die man noch nie gesehen hat.
Ganz gespannt sind alle schon.

Ein Flohzirkus ist ziemlich klein
und klein ist auch das Zelt.
D'rum dürfen immer sechs nur 'rein,
doch nicht für kleines Geld.

Der Herr Direktor zieht den Hut,
ein Mops von kräftiger Gestalt.
Der Grund ist einfach, aber gut,
denn er sorgt selbst für das Gehalt.

Max ist als Erster eingeplant,
der Star mit neuer Nummer.
Doch niemand hätte das geahnt,
g'rad der macht heute Kummer.

Max denkt sich heut: Ich bin der Star!
Das ist mir viel zu dumm.
Er kommt nicht 'raus, doch es ist klar,
nun grollt das Publikum.

Und nun gibt's richtig viel Tumult.
Es streiken alle Flöhe.
Das Publikum ruft: „Max ist schuld!
Das ist doch wohl die Höhe.‟

Der Mops bellt wütend: „Was ist los?
Ihr werdet gleich entlassen.
Warum, verdammt, streikt Ihr denn bloß?
Das ist doch nicht zu fassen.‟

Fridolin ergreift das Wort:
„Zu spät Direktor, bitte sehr.
Morgen sind wir alle fort.
Entlassen brauchst Du uns nicht mehr.‟

Und der Mops fängt an zu schwitzen.
Das Publikum ist sehr erregt.
Keinen hält's mehr auf den Sitzen.
Doch nicht ein Floh hat sich bewegt.

So endet nun auch der Bericht.
Der arme Mops ist ruiniert.
Doch nichts ist wahr an der Geschicht'.
Das ist ja alles nicht passiert.

Über die Kunst

Die Eine liebt den Kunstgenuss,
der Ander'n bringt das nur Verdruss.
Sie schimpft: „Ich kann es nicht mehr hören.
Du sprichst nur noch von Opernchören,
von Lesungen und Matineen.
Lass uns doch lieber essen geh'n.
Und dazu ein gepflegtes Bier,
das ist auch Kunst, so glaube mir."

Die Eine bleibt von nun an still,
genießt die Kunst, so oft sie will,
geht mit der Ander'n auch mal essen,
so ist der Ärger bald vergessen.
Von Kunst spricht nun die Eine nicht,
sie schreibt darüber ein Gedicht.
Für jede, denkt sie dann zum Schluss:
gibt es halt ihren Kunstgenuss.

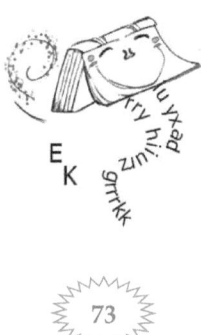

Gedanken auf dem Weinfest

Ich trinke gern ein Gläschen Wein,
denn der schmeckt wunderbar.
Ob von der Mosel, ob vom Rhein,
vielleicht auch von der Ahr?

Wein gibt's in vielen deutschen Ecken
und jeder schmeckt auf seine Weise.
Am besten kann man ihn entdecken,
macht man eine „Studienreise".

Die Fahrkarte kann man sich sparen,
ist g'rad ein Weinfest in der Stadt.
Auf engstem Raum kann man erfahren,
was jeder so zu bieten hat.

Und hat man alles durchprobiert,
fängt man von vorne wieder an,
bis man zu Ende hat „studiert"
und nicht mehr richtig stehen kann.

Das Beste kommt ja meist zum Schluss,
für mich gilt das nur leider nicht.
So dass ich doch noch reisen muss
für ein besonderes „Gedicht".

Denn ich lieb' ja den Wein aus Sachsen.
Goldriesling ist ein Traum.
Doch weil die Trauben dort nur wachsen,
kennt man ihn leider kaum.

Wenn ich im Sachsenlande bin,
genieß' ich ihn an Ort und Stelle.
Und komme ich 'mal gar nicht hin,
dann hilft nur eines: ich bestelle.

Dann kann ich ihn zu Haus genießen.
Ein Fläschchen hab' ich noch gefunden.
Ich werde das Gedicht nun schließen
und mach' mir ein paar schöne Stunden.

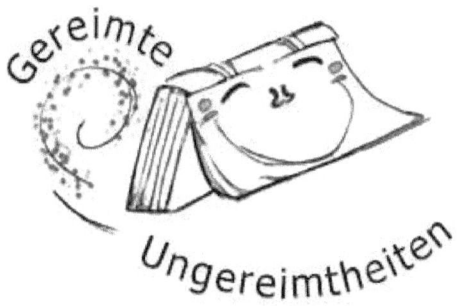

Winterspaß

Herr Spatz sagt heut' zu seiner Frau:
„Mein Schatz, der Himmel ist so blau.
Und wie die helle Sonne lacht.
Für einen Ausflug wie gemacht."

Frau Spatz findet das gar nicht fein.
„Ach, Liebling, es fängt an zu schnei'n.
In unser'm Nest ist es so nett.
Mein Schatz, komm doch zurück ins Bett."

„Ich mag heut' nicht mehr vor die Tür.
Wie wär's, wenn ich dich mal verführ'."
Herr Spatz verspürt schon dazu Lust.
Zwei Seelen streiten in der Brust.

Doch will er nicht zu Hause hocken,
wenn Schnee und helle Sonne locken.
Er sucht nach einem Kompromiss,
den seine Gattin mag gewiss.

Und ihm fällt ein, wie letztes Jahr
der Skiausflug so schön doch war.
Und nachher – nie könnt' er's vergessen –
bei Kerzenschein ein schönes Essen.

Das, denkt sich Herr Spatz verstohlen,
könnte man doch wiederholen.
Er zwitschert zärtlich ihr ins Ohr
und schlägt den Skiausflug nun vor.

Da wird Frau Spatz ganz rot vor Glück.
Gern denkt sie doch daran zurück.
Und sie zwitschert leise „Ja."
Herr Spatz singt ganz laut „Hurra!"

Frau Spatz setzt ihre Mütze auf,
rot und mit kleinen Sternchen d'rauf.
Dazu der Schal, er passt exakt.
Nun ist sie sicher eingepackt.

Herr Spatz nimmt seinen Sonntagshut
mit rotem Band, der steht ihm gut.
Und nun die Skier umgeschnallt.
So geht es durch den Winterwald.

Es dreh'n die zwei so manche Runden
und so vergehen schöne Stunden.
Als Sterne schon am Himmel steh'n,
wird's langsam Zeit, nach Haus' zu geh'n.

Frau Spatz küsst zärtlich ihren Mann,
und der schaut ganz verliebt sie an.
Dann trägt er sie zurück ins Nest.
Doch ich verschweig' diskret den Rest.

Verhinderter Genuss im Urlaub

Die Weinflasche lacht mich so an.
Gern hätte ich davon ein Glas.
Doch weil ich sie nicht öffnen kann,
vergeht allmählich mir der Spaß.

Zu Hause geht das ganz bequem.
Da schaffe ich es auch allein.
Doch hier wird es nun zum Problem.
Es bleibt verschlossen mir der Wein.

Ich gebe auf, das ist sehr schade
und gehe nun entnervt ins Bett.
Doch nicht allein, mit Schokolade.
Na gut, das ist ja auch ganz nett.

Doch für die Zukunft bin ich schlauer,
versag' mir nie mehr den Genuss.
Beim Einkauf schaue ich genauer,
kauf' nur noch Wein mit Schraubverschluss.

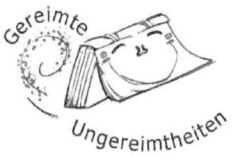

Der Regenwurm

Es war einmal ein Regenwurm,
der liebte Regen und auch Sturm.
Bei Sonnenschein kam er nicht 'raus,
das nutzte eine Amsel aus.
Sie klopfte auf das grüne Gras,
den Regenwurm erfreute das.
Denn er glaubte, es sei Regen,
freudig kroch er ihm entgegen.
Doch als er aus dem Loche guckte,
die Amsel ihn sogleich verschluckte.
Der Vorgang zeigt uns wieder mal
von der Geschichte die Moral:
Man fällt leicht 'rein, hier sieht man's doch,
kommt man zu früh aus seinem Loch.
D'rum ist stets Vorsicht angesagt,
bevor man sich ins Freie wagt.

Weihnachtsmann – allein zu Haus

In der Heiligen Nacht, zu später Stunde,
kommt der Weihnachtsmann nach Haus.
Er ist müde von seiner langen Runde,
doch er sieht zufrieden aus.

Auf dem Tisch liegt „**Das Blaue Herz**".
Die Zeitschrift hat er abonniert.
Denn er ist gern, das ist kein Scherz,
gut und präzise informiert.

Er schürt das Feuer im Kamin,
schenkt Rotwein ein, den er so liebt.
Dann setzt er sich gemütlich hin
und liest, was es so Neues gibt:

Herr und Frau Holle zeigen an,
dass sie ein Baby haben.
Ein Mädchen, denkt der Weihnachtsmann,
wie schön, nach den zwei Knaben.

Was Neues von den sieben Zwergen
weiß man gleichfalls zu berichten.
Sie mussten hinter sieben Bergen
auf Schneewittchen ja verzichten.

Das Sterntalerkind wurde aufgenommen.
Das haben sie gut gemacht.
Es hat auch ein Zipfelmützchen bekommen
und ist nun Zwerg Nummer Acht.

König Drosselbart und seine Frau
luden zum Ball – und alle kamen.
In der Zeitung beschreibt man genau
die prachtvollen Roben der Damen.

Rapunzel lässt sich scheiden.
Das ist wirklich unerhört.
Ich konnt' das Gör nie leiden,
denkt der Weihnachtsmann empört.

Sie war zum Ball in neuer Begleitung.
Keiner kennt ihn, hat ihn vorher geseh'n.
Wir bleiben dran, verspricht hier die Zeitung.
In der nächsten Ausgabe wird es steh'n.

Der Weihnachtsmann liest Blatt für Blatt.
Sein Herz wird dabei schwer.
Ihm fehlt die Frau, die er nicht hat.
Es muss 'ne Lösung her.

Die findet er auf Seite sieben:
Das „**Blaue Herz**" verbindet.
So steht es da ganz groß geschrieben.
Jeder die Liebe findet.

Die Anzeige, verspricht man hier,
kommt in die nächste Nummer,
schickt man bis morgen sie um vier.
Das lindert seinen Kummer.

Er nimmt den Laptop gleich zur Hand
und beschreibt sich im Profil:
Im besten Alter und charmant.
Schießt er da nicht über's Ziel?

Das neue Heft kommt nach vier Wochen.
Sein Inserat steht in der Mitte.
Und man hat nicht zu viel versprochen.
„Sie haben Post" liest er – na bitte.

Doch die Enttäuschung ist dann groß,
er findet keine nett.
Mit den Frauen ist nichts mehr los,
denkt er und geht ins Bett.

Er hat den allerschönsten Traum.
Die Liebe ist zum Greifen nah.
Dann wacht er auf und glaubt es kaum,
noch dreimal Post ist für ihn da.

Und eine Frau, sie nennt sich Inge,
gefällt ihm, er schreibt gleich zurück.
Schon fühlt im Bauch er Schmetterlinge.
Ist die vielleicht sein großes Glück?

Sie schreiben sich drei Wochen lang,
zwei E-Mails jeden Tag.
Dann will sie mehr und ihm wird bang.
Wenn sie mich nun nicht mag?

Ach was, denkt er, sie wird sich freu'n.
Ganz bestimmt hat sie mich gern.
Er antwortet: „Komm doch um neun
in die Bar zum **Blauen Stern**.“

Er ist viel zu früh gestartet.
Nun schleicht die Zeit ganz langsam nur.
Ungeduldig er hier wartet,
aber von Inge keine Spur.

Nervös sitzt er auf seinem Hocker,
und fragt sich panisch, wo sie bleibt.
Die zweite Flasche macht ihn locker.
Dass er auch immer übertreibt!

Die Tür geht auf, das wurde Zeit.
Der Weihnachtsmann kann kaum noch sitzen.
Doch warum kommen sie zu zweit?
Herrjeh, er kommt ganz schön ins Schwitzen.

Zwei Frauen, denkt er, schaff' ich nie.
Ich werde langsam alt.
Er möchte flüchten, aber wie?
Ihm wird ganz heiß und kalt.

Bevor die Frauen ihn entdecken,
läuft er ins Herren-Klo geschwind.
Denn dort kann er sich gut verstecken,
weil Frauen hier verboten sind.

Er fällt sofort in tiefen Schlaf.
Der Rotwein fordert halt sein Recht.
Zwei Stunden schläft er hier ganz brav
und wundert sich danach nicht schlecht.

Nur noch der Wirt steht da am Tresen
und ist ziemlich schlecht gelaunt.
„Sind nicht zwei Frauen hier gewesen?",
fragt der Weihnachtsmann erstaunt.

Der Wirt brummt: „Wieso denn nun zwei?
War Ihnen eine nicht genug?
Die eine Frau trank gleich für drei.
Die hatte vielleicht einen Zug."

„Dann ging sie ziemlich ärgerlich.
Sie zahlte nicht einmal."
Der Weihnachtsmann stöhnt: „Immer ich.
Geben Sie her, ich zahl'."

Er zahlt traurig seine Zeche,
geht langsam aus der Tür.
Und er denkt, wenn ich schon bleche,
will ich auch was dafür.

Zu Haus bestellt bei Amazon
er eine Frau im Angebot.
Zwei Tage später kommt sie schon.
Das Haar ist blond, der Mund ist rot.

Sie ist zwar nicht aus Fleisch und Blut,
hat innen heiße Luft, mehr nicht.
Doch er findet sie trotzdem gut,
weil sie bestimmt nicht widerspricht.

Er herzt und küsst die Puppe froh,
doch plötzlich knallt es laut.
Sie war aus Taiwan oder so
und nicht stabil gebaut.

Sein Bett ist voller Gummifetzen.
Ihm ist das nicht geheuer.
Der Weihnachtsmann denkt mit Entsetzen:
Das Angebot war teuer.

Doch davon geht die Welt nicht unter.
Er ist ein Optimist.
Wenn's nicht sein soll, denkt er sich munter,
bleibt alles, wie es ist.

Er tröstet sich auf seine Weise,
schenkt sich ein Gläschen ein.
Dann seufzt der Weihnachtsmann ganz leise:
„Schön ist es auch allein."

Er geht zum Spiegel, hebt sein Glas,
prostet sich selber zu.
Ach was, denkt er, wir haben Spaß,
wir Beide, ich und du.

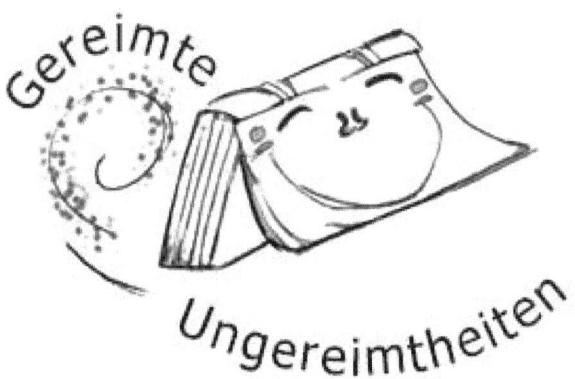

Heuschreck lass nach!
(ein Urlaubserlebnis)

Was kitzelte mich in der Nacht?
Ich schlug den Störenfried schnell weg.
Dann hab' das Licht ich angemacht
und kriegte einen Riesenschreck.

Unter dem Bett mir gegenüber
saß ein großes grünes Vieh.
Es schaute von dort zu mir 'rüber.
Ich bekam ganz weiche Knie.

Ich ging nun, um ein Glas zu holen,
es zu fangen und auszusetzen.
Da hatte es sich fortgestohlen.
Mich packte langsam das Entsetzen.

Ein guter Rat, der war nun teuer.
In jedem Zimmer machte ich Licht.
Ich suchte nach dem „Ungeheuer".
Alles vergebens, ich fand es nicht.

Erschöpft machte das Licht ich aus.
Mir fielen schon die Augen zu.
Vielleicht ist es zum Fenster 'raus?
Die Hoffnung gab mir etwas Ruh'.

Am nächsten Morgen wurde klar,
dass das ein Irrtum war jedoch.
Das Vieh ja längst schon munter war
und eifrig durch die Küche kroch.

Ach je, es war ein Heuschreck nur,
der mich so in der Nacht erschreckt.
Eigentlich harmloser Natur,
wenn er nicht nachts im Bette steckt.

Der Heuschreck hatte sicher Spaß.
Ich fand's dagegen nicht so klasse.
D'rum fing ich ihn mit einem Glas
und setzte ihn auf die Terrasse.

Wie immer gibt es die Moral
für Groß und auch für Klein:
Kitzelt nachts was, dann schau' erstmal.
Es könnt' ein Heuschreck sein.

Kirchenmäuse

'Ne Kirchenmaus, arm wie sie ist,
hat ein Stück Käse lang vermisst.
Auch Speck könnte sie gut vertragen.
Laut und vernehmlich knurrt ihr Magen.

Da kommt 'ne zweite Kirchenmaus.
Die sagt zu ihr: „Wir wandern aus.
Da draußen, hat ein Spatz verraten,
gibt's viel, viel mehr als nur Oblaten."

'Ne dritte Maus eilt auch herbei.
Und also wandern alle drei
zur Tür hinaus und sind gespannt.
Wo ist denn das Schlaraffenland?

Die erste Maus hat was entdeckt,
doch weiß sie nicht, ob's wirklich schmeckt.
Es ist länglich und hellbraun,
ziemlich komisch anzuschau'n.

Die Zweite riecht dran, hmm, riecht gut,
doch zum Probieren fehlt der Mut.
Das erledigt dann die Dritte,
und schon ist verspeist die Fritte.

Da sagt die erste Maus zu ihr:
„Du bist nun satt, wo bleiben wir?"
Doch die Dritte triumphiert:
„Warum habt Ihr nicht probiert?"

Drei Kirchenmäuse geh'n zurück.
Nur eine hatte heute Glück.
Zwei Kirchenmäuse denken sich:
Bestimmt gibt's morgen was für mich.

Der Dichter

Er kam ins Café, jeden Tag um halb vier,
setzte sich an den Tisch an der Wand.
Er kam schon seit Jahren, man kannte ihn hier.
Er trug stets einen Stift in der Hand.

Er sprach kaum ein Wort, er musste nichts sagen,
denn man wusste auch so Bescheid.
Und man stellte ihm ohne große Fragen,
den gewünschten Kaffee bereit.

Er nahm den Block, ohne sah man ihn nie.
Dann schrieb er ein Liebesgedicht.
Seine Verse waren voll Poesie,
doch die Liebe kannte er nicht.

Eine Frau kam herein, lachte ihn an.
Dann ist sie bei ihm geblieben.
Ein Märchen geschah, was als Traum begann.
Nun hat er für sie geschrieben.

Nur nicht aufgeben!

Den kleinen Spatzen Fridolin
zieht es zur hübschen Eva hin.
„Ach, Eva", flüstert er ihr zu,
„komm' in mein Nest, du Süße du."

Die kleine Eva stellt sich stur,
zeigt ihm die kalte Schulter nur.
„Was willst du denn, du dummer Spatz.
Der Theodor ist doch mein Schatz."

Betrübt sucht Fridolin das Weite.
Er denkt sich dabei: So 'ne Pleite.
Doch lange bleibt er nicht gekränkt,
weil er den Blick auf Paula lenkt.

Und sie, die immer ganz bescheiden,
kann Fridolin schon lange leiden.
So gibt es nun ein zweites Paar,
denn es ist Frühling – wunderbar.

Die Moral von der Geschicht':
Aufgeben, das soll man nicht.

Einfach so

Der Karpfen in der Wanne schwimmt,
bis es mit ihm ein Ende nimmt.

Der Kater sitzt am Fensterbrett.
Den Weihnachtskarpfen er gern hätt'.

Ja, so verschieden ist die Welt.
Man kriegt nie das, was auch gefällt.

Der Kater träumt mit leerem Magen.
Der Karpfen von den Weihnachtstagen.

Er lebt nicht mehr nach diesem Feste.
Dem Kater bleiben nur die Reste.

Schneckenrennen

Fritz ist der schnellste Schneck im Garten
und heute soll ein Rennen starten.
Herausgefordert hat ihn Franz.
Er fühlt als Sieger sich schon ganz.

Da stehen sie zum Start bereit.
Wer kriecht hier wohl die beste Zeit?
Die ersten Wetten laufen schon.
Es winkt Salat als Siegerlohn.

Als Schiedsrichter fungiert der Spatz,
sitzt schon bereit auf seinem Platz.
Der Spatz pfeift fröhlich „tirili".
Nun geht es los, da kriechen sie.

Und rechts und links entlang der Strecke
sieht man begeistert Schneck an Schnecke.
Sie räkeln sich im feuchten Gras
und alle haben mächtig Spaß.

Das Rennen läuft nun eine Stunde,
man ist erst bei der ersten Runde.
Fritz liegt noch vorn als Favorit.
Doch keiner ahnt, was gleich geschieht.

Denn da liegt ein Blütenblatt,
das Fritz übersehen hat.
Vor dem entsetzten Publikum
stürzt er darüber und fällt um.

Fritz versucht, sich aufzuraffen,
doch er kann es nicht mehr schaffen.
Und man sieht, das war die Wende,
Franz holt sich den Sieg am Ende.

Die Siegesfeier fällt dann aus.
Der Spatz macht allen den Garaus.
Er frisst erst Franz, dann Fritz im Nu.
Die ander'n schau'n entgeistert zu.

Und danach hat der Spatz ganz dreist
die ander'n Schnecken auch verspeist.
Da hat man hier, wer hätt's gedacht,
den Bock zum Gärtner wohl gemacht.

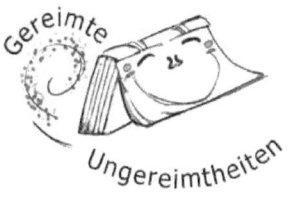

Wer zu spät kommt....

„Kauft Leute, kauft Euch Weihnachtsbäume,
erfüllt Euch Eure Weihnachtsträume."
Seit Stunden steht Ralf hier am Stand,
doch nicht ein Kunde kommt gerannt.

Ralf fühlt sich schon ganz verloren
und ist ziemlich durchgefroren.
Die Kälte zieht durch Mark und Bein.
Ein Rum, denkt er, könnt` hilfreich sein.

Mühsam fasst er in die Tasche,
greift nach der ersehnten Flasche,
trinkt einen Schluck, dann zwei, dann drei.
Es wird ihm so schön warm dabei.

Und als Ralf schon ganz benommen
ist die Einsicht ihm gekommen.
Herrjeh, denkt er, ich hab` verpennt.
Längst ist vorbei ja der Advent.

Kartoffelliebe

Eine Kartoffel, sie hieß wohl Gerlinde,
war so wie ein Herz geformt.
Sie war sehr stolz, dachte sich, ich verschwinde!
Die ander'n sind zu genormt.

Aber dann traf sie auf Eberhard.
Der war so gut gebaut.
Und die Liebe erwachte ganz zart.
Sie hat ihm gleich vertraut.

Doch mit Eberhard war's schnell vorbei.
Er wurde geschält und zerschnitten.
Dann kam er in den Kartoffelbrei.
Ach, wie hat Gerlinde gelitten.

Sie erlöste sich selbst von ihrer Pein,
stürzte sich ins Kartoffelmesser.
Da schnitt die Hausfrau sie ebenfalls klein.
Ich glaube, jetzt ging es ihr besser.

Mit Eberhard wurde sie weichgekocht,
bis sie verschwanden im Sud.
Wie hatten die beiden sich doch gemocht.
Nun war alles wieder gut.

Der Kartoffelbrei wurde gleich serviert
mit guter Butter und etwas Muskat.
Es lag auch an der Liebe, garantiert,
dass er so besonders gemundet hat.

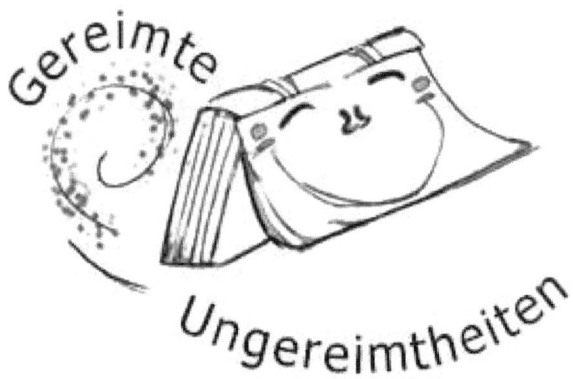

Gereimte

Ungereimtheiten

Katz und Maus

„Hei", sagt die Katze zu der Maus,
„du bist ein feiner Abendschmaus.
Genau das richtige für mich.
Bleib' steh'n, du Maus, ich fresse dich."

Das kleine Mäuslein aber lacht:
„Das hättest du wohl so gedacht."
Und schon ist sie im Mäuseloch.
Ätsch, denkt sie, ich bin schneller doch.

Die Katze sitzt betrübt davor
und denkt: Ich bin ein armer Tor.
Zu alt bin ich zum Mäusejagen.
Wozu soll ich mich auch noch plagen.

Langsam schleicht sie nach Haus zurück.
Dort steht ihr Futter schon zum Glück.
Und also gibt's zum Abendschmaus
Sardinen heute statt der Maus.

Was läuft mir denn da über die Leber?

Ich gehe mittags ins Lokal
und freu' mich auf ein schönes Mahl.
Dann wart' ich lang auf mein Gericht.
Doch als es kommt, da schmeckt es nicht.

**Und wieder läuft mir – ei der Daus –
über die Leber diese Laus.**

Ich hab' im Internet bestellt
'ne Bluse, die mir gut gefällt.
Nach Wochen kriege ich Bescheid:
Ganz ausverkauft, das tut uns leid.

**Und wieder läuft mir – ei der Daus –
über die Leber diese Laus.**

Ein Sänger kommt, den alle lieben,
steht in der Zeitung heut' geschrieben.
Es gab noch Karten – Gott sei Dank.
Und dann wird dieser Sänger krank.

**Und wieder läuft mir – ei der Daus –
über die Leber diese Laus.**

Ich ess' Salat und seh' oh Schreck:
Auf meiner Bluse prangt ein Fleck.
Klar, dass ich mich nicht g'rade freu,
denn diese Bluse ist noch neu.

**Und wieder läuft mir – ei der Daus –
über die Leber diese Laus.**

Der Film, auf den ich mich so freute,
wird einfach abgesetzt für heute.
Fußball läuft, ich denk', na warte,
dafür gibt's die rote Karte.

**Und wieder läuft mir – ei der Daus –
über die Leber diese Laus.**

So könnt' ich ewig weiter dichten.
Doch werde ich darauf verzichten.
So etwas kommt nicht mehr vor.
Ich vertrieb sie mit Humor.

**Nie wieder läuft nun – ei der Daus –
über die Leber diese Laus.**

Purer Nonsens

Es frühlingt überall so fein.
Dies Wort hab' g'rade ich erfunden.
Vielleicht kommt's in den Duden 'rein?
Ich könnte das ja mal erkunden.

Dann sommert es und herbstet auch.
Und wenn es wintert, ist es kalt.
Ich lach' ein Loch mir in den Bauch.
Jetzt wird es albern, tschüss bis bald.

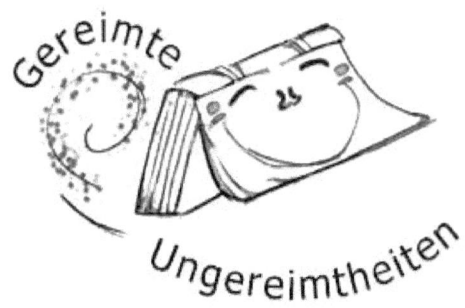

Gereimte Ungereimtheiten

Die Abenteuer des Herrn Krause

Anmerkung:

Der erste Teil dieser Trilogie entstand für die Anthologie #6 der Hildesheimlichen Autoren e.V., das hat mir großen Spaß gemacht.

Da ich in jedem Jahr zum Literaturfest nach Meißen fahre, beschloss ich, dass auch mein Herr Krause einmal nach Meißen fährt.

Ich fahre aber auch einmal im Jahr nach Sylt. Was lag also näher, als Herrn Krause ebenfalls dorthin mitzunehmen. Aber schon bald merkte ich, dass mir das keine Freude machte.
Herr Krause passte einfach nicht auf die Insel der „Reichen und Schönen".
Und so „stornierte" ich seine Reise.

Es sollte aber eine Trilogie werden.
Darum schickte ich Herrn Krause kurzerhand zur Kur nach Bad Salzdetfurth.

Und nun wünsche ich Ihnen viel Spaß.

Herr Krause geht spazieren
(in meiner Heimat Hildesheim)

Erster Teil - Es geht los

Herr Krause will spazieren geh'n,
sich Hildesheim genau beseh'n.
Für diesen Weg, das fällt ihm ein,
muss er ja auch gerüstet sein.
D'rum packt er Bier ein und auch Wurst
für seinen Hunger und den Durst.

Am frühen Morgen will er starten,
zunächst zum Magdalenengarten.
Doch die Sonne brennt so heiß,
von der Stirne rinnt der Schweiß.
Zum Garten hat er's noch geschafft.
Nun braucht er wieder neue Kraft.

Herr Krause bleibt ein Weilchen hier
und trinkt die erste Flasche Bier.
Er sitzt gemütlich auf der Bank,
erholt sich wieder, Gott sei Dank.
Dann marschiert er fröhlich weiter,
fühlt sich unbeschwert und heiter.

Im Liebesgrund ist's schattig, doch
Durst hat Herr Krause immer noch.
D'rum greift er nach der zweiten Flasche
aus seiner großen Vorratstasche.
Die trinkt er gleich in einem Zug.
Nun, denkt Herr Krause, ist's genug.

Er geht zum Königsteich geschwind,
mal sehen, wo die Enten sind.
Kaum ist er da, plagt ihm im Magen
ein ziemlich großes Unbehagen.
Das ist der Hunger, denkt er sich.
Ein Stückchen Wurst hilft sicherlich.

Herr Krause langt ganz kräftig zu.
Sein Magen gibt nun endlich Ruh'.
Doch war die Wurst, merkt er bestürzt,
leider auch ziemlich gut gewürzt.
Herr Krause denkt, ich bin so frei
und öffnet Flasche Nummer drei.

Herr Krause schwankt jetzt schon mitunter.
Geht es hinauf oder herunter?
Drei Flaschen Bier trank er, nicht mehr.
Doch ist sein Kopf so seltsam leer.
Er geht hinauf und irgendwann
kommt er am „Berghölzchen" nun an.

'Rein darf Herr Krause leider nicht,
weil er nicht mehr ganz deutlich spricht.
Er biegt rechts ab und legt sich hin.
Nach Aussicht steht ihm nicht der Sinn.
Als er nach Stunden dann erwacht
ist es schon dunkel – tiefe Nacht.

Das kann Herrn Krause nicht verdrießen,
solange noch die Biere fließen.
Die vierte Flasche trinkt er schnell.
Nach fünf und sechs wird's langsam hell.
Da fällt ihm ein, es waren sieben.
Wo ist die letzte nur geblieben?

Zum Glück hat er sie noch entdeckt,
tief in der Tasche ganz versteckt.
Auch von der Wurst gibt's noch ein Stück.
Er trinkt und isst, genießt sein Glück.
Die Sonne fängt schon an zu scheinen.
Da steht er auf mit schweren Beinen.

Ich will nach Hause, denkt er, bitte.
Ganz langsam setzt er seine Schritte.
Tatsächlich landet dann Herr Krause
auch irgendwann wieder zu Hause.
Doch wie er dort ist hingekommen
erinnert er sich nur verschwommen.

Bevor er einschläft, denkt er, morgen
muss Wurst und Bier ich neu besorgen.
Dann schickt der Sandmann ihn ganz brav
in einen langen, tiefen Schlaf.
Im Traum erklimmt er schon im Sturm
am Galgenberg den Bismarckturm.

Zweiter Teil - Auf ein Neues

Herr Krause will spazieren geh'n,
von Hildesheim noch mehr beseh'n.
Doch als er aufwacht, ach herrjeh,
tut ihm sein Kopf ganz furchtbar weh.
Ein Kaffee hilft aus der Misere,
befreit den Kopf von seiner Schwere.

Er duscht und fühlt sich wieder frisch.
Dann deckt er seinen Frühstückstisch.
Die Wurst ist alle, in der Not,
verspeist Herr Krause trocken Brot.
Der zweite Kaffee – gar nicht dumm –
besteht halb aus Jamaika Rum.

Die Wanderstiefel sind geschnürt.
Herr Krause wieder Durst verspürt.
Und auch der Magen ist so leicht.
Das trocken Brot hat nicht gereicht.
Es hilft nichts, denkt Herr Krause nun.
Dagegen muss ich etwas tun.

Herr Krause tauscht bei Firma Bolle
die leeren Flaschen gegen volle.
Doch sieben Flaschen, reichen die?
Er nimmt gleich zehn, man weiß ja nie.
Und Würste nimmt er zwei sich mit,
denn er hat großen Appetit.

Vielleicht wird's wieder ja so heiß?
D'rum kauft Herr Krause auch ein Eis.
Kurz vor halb elf zeigt schon die Uhr.
Nun aber 'raus in die Natur.
Der Bismarckturm war ja sein Ziel.
Herr Krause denkt, ein leichtes Spiel.

Doch braucht Herr Krause sehr viel Zeit.
War der Weg immer schon so weit?
Das kleine Eis ist längst verputzt,
was er für eine Pause nutzt.
Ein Bierchen, denkt er, ist ja keins.
Er öffnet Flasche Nummer eins.

Dann geht er weiter und Hurra –
der Bismarckturm, da ist er ja.
Doch merkt Herr Krause ganz verdrossen:
Die Tür zum Turm, sie ist verschlossen.
Herr Krause denkt, so'n Mist und murrt.
Da hört er, wie sein Magen knurrt.

Die erste Wurst ist aufgegessen.
Nun braucht ein Bier er nach dem Essen.
Als er das dritte 'runterspült
Herr Krause wieder wohl sich fühlt.
Der „Galgenberg" fällt ihm nun ein,
muss ganz hier in der Nähe sein.

Da sieht er ihn schon in der Sonne,
so strahlend weiß, ach welche Wonne.
Doch bemerkt Herr Krause voller Frust,
der „Galgenberg" heißt nun „LewensLust".
Man kann hier nur am Abend speisen
und das zu ziemlich hohen Preisen.

Na gut, denkt er, noch reicht das Bier.
Er öffnet Flasche Nummer vier.
Dann denkt er, es ist auch egal.
Ich geh' zur Sternwarte erstmal.
Denn einen Blick auf schöne Sterne
mag er nicht nur beim Cognac gerne.

Auch hier verschloss man ihm das Tor.
Herr Krause steht entnervt davor.
Das fünfte Bier fließt durch den Schlund.
Da denkt Herr Krause sich, na und?
Die Sterne sieht man nicht am Tage.
Ich gehe weiter, keine Frage.

Leicht fällt's ihm nicht, sich aufzuraffen.
Doch will zum „Brockenblick" er's schaffen.
Den Trimm-Dich-Pfad, man kann's nicht fassen,
hätt' er doch lieber ausgelassen.
Denn weder Kniebeugen noch Springen
wollen Herrn Krause heut' gelingen.

Kaputt kommt er zum „Brockenblick".
Oh, denkt Herr Krause, richtig schick.
Doch man hat ihn gleich rausgeschmissen.
Von Säufern will man hier nichts wissen.
Die Laune sinkt, Herr Krause schmollt.
Dann geh' ich halt, wenn Ihr nicht wollt.

Zum Glück war er ja diesmal weise,
hat noch fünf Biere für die Reise.
Auch Wurst hat er noch eine zweite.
Er dreht sich um und sucht das Weite.
Er rechnet und er denkt sich dann,
dass es wohl g'rad so reichen kann.

Doch biegt er dann in seiner Wut
falsch ab und das ist gar nicht gut.
Bald merkt Herr Krause – so ein Mist –
dass er hier auf dem Holzweg ist.
Er ging doch glatt im Kreis herum.
Herr Krause denkt sich, das ist dumm.

Den Umweg konnte er sich schenken.
Er trinkt zwei Bier, um nachzudenken.
Weil Nachdenken auch durstig macht
leert er danach die Flasche acht.
Nun weiß er, wie's nach Hause geht.
Er rafft sich auf, es ist schon spät.

Gut, dass ich Wurst und Bier noch hab',
denkt sich Herr Krause, geht hinab.
Doch scheint der Weg ihm noch viel weiter.
Herr Krause stöhnt, gar nicht mehr heiter.
Und er ist sich sehr schnell im Klaren,
dass Durst und Hunger größer waren.

Am Bismarckturm stellt er schon fest,
von den zehn Bieren blieb kein Rest.
Auch von den Würsten, das ist schade,
blieb ihm ein kleiner Zipfel g'rade.
Behutsam er die Schritte lenkt.
Er fühlt sich ziemlich eingeschränkt.

So langsam schmerzen ihm die Glieder.
Er stolpert und erhebt sich wieder.
Ach, denkt er, wenn ich Flügel hätt',
wär' ich schon längst zu Haus im Bett.
Dort wacht er Stunden später auf.
Wie er's geschafft? Er kommt nicht d'rauf.

Nur eines weiß er ganz bestimmt:
Dass er nochmal die Zeit sich nimmt.
Er will die Stadt erneut erkunden.
Doch schläft er erstmal ein paar Stunden.
Wie's weitergeht? Ich weiß nicht, weil
es fehlt ja noch der dritte Teil.

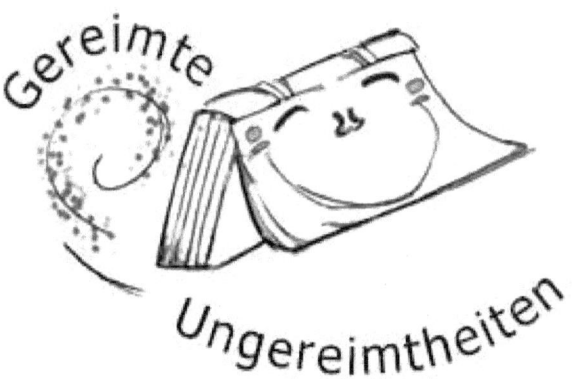

Gereimte Ungereimtheiten

Dritter Teil - Er kann's nicht lassen

Herr Krause will spazieren geh'n,
noch mehr von Hildesheim beseh'n.
Doch eines hat er sich gemerkt.
Herr Krause denkt, ich geh' gestärkt.
Er geht nach nebenan zum Bäcker
und frühstückt ausgiebig und lecker.

Nun bringt die Flaschen er zu Bolle
und tauscht sie wieder gegen volle.
Zehn Flaschen gibt Herr Krause ab.
Dann denkt er, das war ziemlich knapp.
Ich nehm' zwölf Flaschen dieses Mal.
Zwölf Flaschen, eine gute Wahl.

Doch stellt er fest, die zwölfte Flasche
passt nicht mehr ganz in seine Tasche.
Auch für die Würste fehlt der Platz.
Herr Krause denkt, ich brauch' Ersatz.
Ein Rucksack wird ihm offeriert,
groß und sehr haltbar – garantiert.

Er schaut zum Himmel, es ist trocken.
Herr Krause macht sich auf die Socken.
Heut' will er keinen Turm erklimmen.
Nein, heut' will er im Hohnsen schwimmen.
Zunächst mal zum Kehrwiederwall.
Von dort zum Hohnsen – klarer Fall.

So voll gefuttert fällt's ihm schwer.
Er hat bald keine Puste mehr.
Er setzt sich, um ein Bier zu zischen.
Es fängt zu regnen an inzwischen.
Nun ist er auch von außen nass.
Das macht Herrn Krause keinen Spaß.

Auf einem Bein steht es sich schlecht,
d'rum kommt das zweite Bier g'rad recht.
Nachdem das dritte er genossen
ist er ganz wild zum Bad entschlossen.
Ein Weichei, denkt er, bin ich nicht.
Was wieder für Herrn Krause spricht.

Bis er am Hohnsen angekommen
hat er drei Bierchen noch genommen.
Er lässt auf einer Bank sich nieder
und spürt schon wieder alle Glieder.
Ein Bad, denkt er, gibt neuen Schwung.
Er zieht sich aus und wagt den Sprung.

Herr Krause landet knapp daneben.
Da liegt er, kann sich nicht erheben.
Doch man hat mit ihm Erbarmen,
hebt ihn auf mit starken Armen.
Dann reicht man ihm ein wenig Wasser.
Da wird Herr Krause noch viel blasser.

Er schielt zu seinem Rucksack hin
und sehnt sich nach der Medizin.
Doch die Erkenntnis ihn ereilt:
Man half ihm, also wird geteilt.
Sechs Biere teilt er nun durch zwei.
Da bleiben für Herrn Krause drei.

Der Helfer schaut schon ganz begehrlich,
d'rum teilt er auch die Würste ehrlich.
Doch weder Würste noch sein Bier
gibt er gern her, das merkt er hier.
Auf Wiederseh'n sagt er ganz schnell.
Er will nach Haus, solang's noch hell.

Den Weg schafft er gerade noch.
Es fehlt das Schlüsselloch jedoch.
Herr Krause fängt fast an zu schrei'n,
denn nun kommt er zu Haus nicht rein.
Dann endlich, nach drei viertel Stunden
hat er das Schlüsselloch gefunden.

Herr Krause schleicht sich in die Kammer,
nass und erschöpft, ach, welch ein Jammer.
Er fällt ins Bett, total geschafft.
Sogar zum Auszieh'n fehlt die Kraft.
Bevor er einschläft, denkt Herr Krause,
ich trink' mein Bier nur noch zu Hause.

Herr Krause fährt nach Meißen

Erster Teil – Die Vorbereitung

Herr Krause will auf Reisen geh'n,
hat Meißen dafür vorgeseh'n.
Weil er einmal gelesen hat,
das wäre eine schöne Stadt.

Sie wäre eine Reise wert,
das Porzellan dort sehr begehrt.
Er recherchiert, denkt, ungeheuer,
das ist mir aber viel zu teuer.

Er konnte noch etwas entdecken:
Das Meißner Bier soll sehr gut schmecken.
Und man lobt auch den Meißner Wein.
Herr Krause denkt sich, das ist fein.

Herr Krause fängt zu planen an.
Ich nehme, denkt er, wohl die Bahn.
Dort gibt es immer Sonderpreise.
Ich spar' bestimmt auf diese Weise.

Wie wär's, wenn ich gleich morgen starte?
Er bucht im Netz sofort die Karte.
Nur ein paar Tage will er bleiben.
Er will's ja nicht gleich übertreiben.

Ein Zimmer, preiswert, nicht zu groß,
findet er auch, das ist famos.
Er hat es sich gleich reserviert.
Na, denkt er, das läuft wie geschmiert.

Und nun stellt sich die große Frage:
Was braucht er für die Urlaubstage?
Einen Pulli, abends wird es kühl,
dazu einen Hut, am Tag ist's schwül.

Das rote und das blaue Hemd.
Und falls der Reißverschluss mal klemmt,
weil etwas kräftig er gebaut,
'ne zweite Hose er verstaut.

Unterwäsche als Ersatz
findet auch im Koffer Platz.
Zum guten Schluss sein Waschzeug noch.
Ich glaub', denkt er, jetzt hab' ich's doch.

Total erschöpft denkt sich Herr Krause,
ich brauche erstmal eine Pause.
Hab' ich wohl noch 'ne Flasche Bier?
Er schaut gleich nach und findet vier.

Die lässt er sich nun alle schmecken,
stellt dann den Wecker, um zu wecken.
Dann sinkt er auch schon in sein Bett.
Er träumt von Meißen, das wird nett.

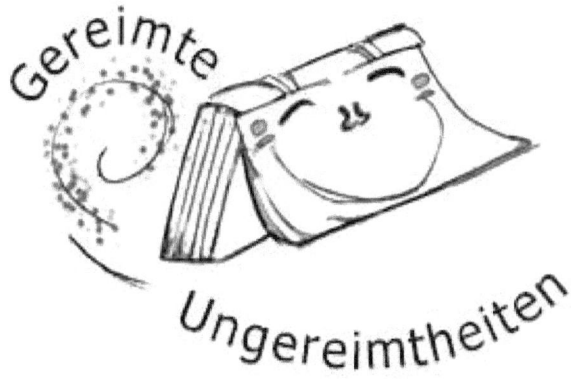

Zweiter Teil – Die Zugfahrt

Wo ist denn nur die Zeit geblieben.
Der Wecker schellt, es ist halb sieben.
Herr Krause fasst sich an die Stirn.
Es hämmert heftig im Gehirn.

Er trinkt Kaffee und isst ein Ei,
liest seine Zeitung noch dabei.
Obwohl, wenn man es ehrlich nimmt,
der Text ein wenig doch verschwimmt.

Er steckt die Zeitung in die Tasche.
Dazu, man staunt, 'ne Wasserflasche.
Mir scheint, er wird nun langsam klug.
Dann eilt er los, er muss zum Zug.

Als er am Bahnhof angekommen,
erfährt Herr Krause ganz benommen,
der Zug kommt heut' verspätet an.
Ach, denkt er, typisch Deutsche Bahn.

Doch er hat ja gut nachgedacht,
als er den Reiseplan gemacht.
In Braunschweig hält man sonst sehr lange.
Darum ist ihm auch gar nicht bange.

Alles klappt, gerade so.
Und nun sitzt Herr Krause froh
im Zug nach Dresden, Erster Klasse.
Er hebt sich ab halt von der Masse.

Herr Krause schläft nun sofort ein.
Er träumt von Meißen und vom Wein.
Und auch vom guten Meißner Bier.
Man sieht im Schlaf ihn lächeln hier.

Ein Quietschen hat ihn aufgeweckt.
Er schaut, was wohl dahinter steckt.
Der Zug hielt an und rührt sich nicht,
was wohl für eine Panne spricht.

Aus dem Lautsprecher erschallt
dafür die Erklärung bald.
Steine liegen auf den Gleisen.
Man erlebt halt viel auf Reisen.

Weil der Erste-Klasse-Kunde
König ist, gibt's eine Runde
Kaffee und dazu auch Kuchen.
Man muss halt nur richtig buchen.

Dann wird der Schaden schnell behoben.
Herr Krause denkt, das ist zu loben.
Der Zug fährt weiter, welch ein Glück.
Bis Dresden ist es noch ein Stück.

Dresden-Neustadt, das wurde Zeit.
Ist es bis Meißen wohl noch weit?
Mit dem Koffer in der Hand
steigt er aus, schon ganz gespannt.

Auf Gleis eins die S-Bahn steht,
mit der es nun weiter geht.
Er läuft zum Gleis, da fährt sie ab.
Herr Krause denkt, das war zu knapp.

Gott sei Dank muss er nicht lange warten,
weil die Bahnen hier halbstündlich starten.
Und so beginnt der Rest der Reise
dann doch noch auf entspannte Weise.

Dritter Teil – Ankunft in Meißen

Endlich ist er nun in Meißen,
wird willkommen hier geheißen.
Hell ist sein Zimmer und adrett.
Auch seine Wirtin ist sehr nett.

Den Koffer pack' ich später aus,
denkt sich Herr Krause, ich muss 'raus.
Ein Bierchen, dunkel oder hell,
brauch' ich jetzt dringend und ganz schnell.

Zum Markt sind es nur ein paar Schritte.
Dort äußert er rasch seine Bitte.
Elbsommer gibt es hier vom Fass.
Ach, er genießt das kühle Nass.

Doch während er sein Bier genießt
fängt's an zu regnen, nein es gießt.
Die großen Schirme hier gut nützen,
weil sie auch vor dem Regen schützen.

D'rum bleibt Herr Krause einfach hocken.
Es ist zwar nass, doch er sitzt trocken.
Schön, denkt er, ist es auf der Welt,
als er sein drittes Bier bestellt.

Der Durst quält ihn noch immer sehr.
D'rum trinkt er weiter, zählt nicht mehr.
Sind's sieben oder acht gewesen,
wird er schon auf der Rechnung lesen.

Schon wird es Zeit, die letzte Runde.
Man schließt in einer halben Stunde.
Herr Krause wohl noch lernen muss,
in Meißen macht man früher Schluss.

Wie kommt er zum Quartier zurück?
Es ist nicht weit, denkt er, zum Glück.
Es dauert trotzdem, denn er schwankt.
Dann ist er endlich angelangt.

Die Wirtin führt ihn auf sein Zimmer.
Warum, denkt er, lächelt sie immer?
Dann sinkt er selig in die Kissen.
Was noch geschieht, will keiner wissen.

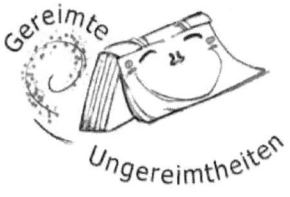

Vierter Teil – Erkundung der Stadt

Herr Krause will spazieren geh'n,
sich Meißen ganz genau beseh'n.
Er schlief sehr gut in dieser Nacht,
ist ausgeruht nun aufgewacht.

Das Frühstück steht schon auf dem Tisch,
Blümchenkaffee, schön heiß und frisch.
Und dazu dicke Butterbemmen.
Herr Krause kann hier richtig schlemmen.

So frisch gestärkt geht er gleich los.
Er hat viel vor, Meißen ist groß.
Und groß ist auch sein Tatendrang,
doch hält er leider nicht sehr lang.

Die Sonne scheint und es ist schwül.
Ein Bierchen, denkt er, frisch und kühl,
wäre jetzt eigentlich nicht schlecht.
Der „Grüne Humpen" kommt da recht.

Er trinkt drei Glas heut' vom Rubin,
dann will Herr Krause weiter zieh'n.
Er zahlt, bedankt sich noch dafür,
geht etwas schwerfällig zur Tür.

Herr Krause sieht die „Roten Stufen".
„So hoch?", hört man entsetzt ihn rufen.
Zur Stärkung kauft er für den Bummel
bei Zieger eine Meißner Fummel.

Er geht hinauf nun, Schritt für Schritt.
Ach, denkt er, hätt' bloß Bier ich mit.
Doch hat er es mit letzter Kraft
bis zu den „Burgstuben" geschafft.

Er trinkt zwei Bockbier, denkt indessen,
wer so viel trinkt, muss auch gut essen.
Und da die Abwechslung er liebt,
schaut er, was es woanders gibt.

Im „Café am Dom" gibt's Eierschecken.
Die lässt er sich nun so richtig schmecken.
Für's erste ist Herr Krause satt.
Die Fummel er vergessen hat.

Schon ist die Kehle wieder trocken.
Doch ein Kaffee kann ihn nicht locken.
Goldriesling aus dem Sachsenland
ist ihm indessen unbekannt.

Und er bestellt sich gleich ein Glas.
Ei, denkt Herr Krause, der macht Spaß.
Er trinkt gleich noch eins, drei, nein vier
und denkt, noch besser als das Bier.

Herr Krause wirft 'nen müden Blick
zur Albrechtsburg, denkt nur, schon schick.
Auch den Dom streift er von außen nur,
denn ihm fehlt der Sinn heut' für Kultur.

Dann geht er, schwankend schon mitunter,
langsam die Schloss-Stufen herunter.
Doch sieht man in der „Schloss-Taverne"
Herrn Krause überhaupt nicht gerne.

Herr Krause geht, gar nicht mehr heiter,
noch immer schwankend langsam weiter.
Doch da fällt sein Blick, das lässt ihn hoffen,
auf die Weinhandlung, die Tür steht offen.

Er kauft vom Goldriesling 'ne Flasche.
Den packt man ihm in eine Tasche.
Dazu trägt er auch noch die Tüte
mit seiner Fummel – meine Güte.

Herr Krause denkt sich, also ehrlich,
das ist mir hier viel zu gefährlich.
Er will sich setzen und er geht
zur Bank, die vor der Türe steht.

Und darauf sinkt er nun im Nu.
Er greift zur Flasche, die ist zu.
Zum Glück hat sie 'nen Schraubverschluss.
Er setzt sie an, welch ein Genuss.

Die Flasche ist ganz schnell halb leer.
Schon knurrt sein Magen wieder sehr.
Da fällt ihm seine Fummel ein.
In die, denkt er, beiß' ich jetzt rein.

Doch als er in die Tüte guckt,
hat er vor Schreck sich gleich verschluckt.
Denn die hat sich mittlerweile
aufgelöst in tausend Teile.

Herr Krause hat es doch riskiert
und ein ganz kleines Stück probiert.
Und er verschluckt sich gleich nochmal.
Mann, ist die trocken, welche Qual.

Er hebt die Flasche an den Mund
und leert sie ganz, bis auf den Grund.
Dann schüttet er die Krümel aus.
Die Spatzen freu'n sich auf den Schmaus.

Nun sieht man ihn nach Hause wanken.
Die Wirtin wird sich wohl bedanken.
Doch sie ist immer noch sehr nett.
und bringt ihn liebevoll ins Bett.

Fünfter Teil – Auf nach Siebeneichen

Herr Krause will spazieren geh'n,
noch mehr von Meißen sich beseh'n.
Er will ein großes Ziel erreichen.
Heut' denkt er, geht's nach Siebeneichen.

Vom Meißner Schwerter in der Flasche
packt er gleich sieben in die Tasche.
Und eine Wurst vom Meißner Schwein
packt sich Herr Krause auch mit ein.

Herr Krause kann es kaum erwarten.
Am frühen Morgen will er starten.
Doch die Sonne brennt so heiß.
Von der Stirne rinnt der Schweiß.

Am Tierpark, denkt sich nun Herr Krause,
mach' ich am besten eine Pause.
Er schafft es g'rad bis zu den Tieren.
Nun muss er sich regenerieren.

Die erste Flasche, oh das zischt,
läuft in die Kehle, das erfrischt.
Das zweite Bier gleich hinterher.
Da werden ihm die Beine schwer.

Und Herr Krause fühlt im Magen
auch ein leichtes Unbehagen.
Er hat Hunger, isst die Wurst.
Doch nun hat er wieder Durst.

Ach, denkt Herr Krause, einerlei.
Er öffnet Flasche Nummer drei.
Und als sie durch die Kehle rinnt,
er plötzlich anders sich besinnt.

Ich sitz' doch so gemütlich hier,
denkt er und öffnet Flasche vier.
Nachdem die fünfte er getrunken
ist er sanft in den Schlaf gesunken.

Als er viel später dann erwacht,
bemerkt er, es beginnt die Nacht.
Doch Flasche Nummer sechs und sieben
sind ihm zum Glück ja noch geblieben.

Herr Krause möchte nun nach Haus,
doch leider, es wird nichts daraus.
Denn ach, das Tor ist längst schon zu.
Oh, denkt Herr Krause sich, und nu?

Dann nimmt er Anlauf und er springt,
wobei ihm das nicht ganz gelingt.
Er hängt halb hüben und halb drüben
und denkt sich, dass muss ich noch üben.

Nun fällt er auf die and're Seite.
Herr Krause denkt sich, so 'ne Pleite.
Denn er ist zwar jetzt vor dem Tor,
doch liegt er bäuchlings nun davor.

Er schafft es, aufzusteh'n, welch Glück
und denkt, nun aber schnell zurück.
Da war ein Eisbus auf der Strecke.
Wie wär's, wenn ich ein Eis dort schlecke?

Und mit allerletzter Kraft
hat Herr Krause es geschafft.
Doch weder Kirsch- noch Erdbeerbecher
gibt's leider für den armen Zecher.

Denn Herr Krause merkt verdrossen,
auch der Bus ist längst geschlossen.
Eis gibt's am späten Abend nicht.
Herr Krause übt sich in Verzicht.

Und dann sinkt er ermattet nieder.
Ihm schmerzen langsam alle Glieder.
Doch lange kann er dort nicht hocken,
die Kehle ist schon wieder trocken.

Herr Krause schleicht sich müd' und matt
ganz langsam Richtung Innenstadt.
Und als er kaum noch gehen kann
kündigt ein Schild die Rettung an.

Herr Krause wird vor Freude blass.
Da steht „Hier gibt es Bier vom Fass."
Endlich Erlösung von der Qual.
Froh geht Herr Krause ins Lokal.

Nun sitzt er im Lokal „Zum Loch".
Er trinkt zwei Bier, ein drittes noch.
Er isst ein Schnitzel XXL,
und dann erholt er sich ganz schnell.

Bis zum Quartier ist es nicht weit.
Dort steht die Wirtin schon bereit.
Sie bringt auch diesmal ihn ins Bett.
In Meißen ist man halt sehr nett.

Sechster Teil – Elbe und Weinberge

Auch heute will Herr Krause geh'n,
die Elbe näher sich beseh'n.
Gleich nach dem Frühstück bricht er auf.
Er pfeift ein Lied, ist sehr gut d'rauf.

Auf der Altstadtbrücke bläst der Wind
und trägt ihn herüber ganz geschwind.
Dann geht es links die Treppe 'runter.
Noch ist Herr Krause ziemlich munter.

Der Himmel strahlt im schönsten Blau,
die Elbe fließt im sanften Grau.
Herr Krause fängt fast an, zu träumen.
Da sieht er Tische unter Bäumen.

Die gehören, erkennt er schnell,
zu einem prachtvollen Hotel.
„Hotel Knorre" steht auf dem Schild.
Herr Krause denkt, ein schönes Bild.

Ein Frühschoppen, denkt er erfreut,
wär' schön an einem Tag wie heut'.
Kaum hat Herr Krause das gedacht,
hat er sich's schon bequem gemacht.

Bevor er dem Kellner winkt,
schaut er, was man hier so trinkt.
'Ne Gurkenlimo preist man an.
Iih, denkt er, nichts für einen Mann.

Ich bleibe lieber doch beim Bier.
Ein Wernesgrüner gibt es hier.
Herr Krause denkt, was soll das heißen?
Warum gibt es kein Bier aus Meißen?

Er bestellt und ihm wird klar,
Wernesgrüner schmeckt sogar.
Da kann er auch zwei vertragen.
Aber dann knurrt laut sein Magen.

D'rum schaut er nach, was es so gibt.
Soljanka scheint hier sehr beliebt.
Die Suppe kennt Herr Krause nicht,
was aber nicht dagegen spricht.

Er bestellt sich eine Tasse
und probiert, mmh ist die Klasse.
Mit Gurke, Paprika und Wurst.
Doch nun bekommt er wieder Durst.

Da eilt der Kellner schon herbei
und bringt ihm Bierchen Nummer drei.
Herr Krause fühlt sich froh und heiter.
Dann fällt ihm ein, er wollt' doch weiter.

Darum verlässt er nun den Ort
und setzt seinen Spaziergang fort.
Die Elbe scheint nun blau zu sein.
Rechts auf den Hängen wächst der Wein.

Als er die Weinberge so sieht
bekommt auf Wein er Appetit.
Zum Glück hat er in seiner Tasche
vom Goldriesling 'ne große Flasche.

Die Flasche reicht auch gerade so hin
bis zum Haus der ersten Weinkönigin.
Dort merkt Herr Krause ganz verdrossen,
der Ausschank ist hier längst geschlossen.

Herr Krause denkt sich, das ist dumm.
Dann kehre ich halt wieder um.
Die schönste Aussicht kann nicht locken,
bleibt meine Kehle dabei trocken.

Er will nun in die Stadt zurück.
Doch das ist noch ein ganzes Stück.
Ich mache, denkt sich da Herr Krause,
am „Knorre" eine zweite Pause.

Der Kellner hat ihn gleich erkannt,
hat schon ein Bierchen in der Hand.
Da sagt Herr Krause: „Bitte sehr,
ein Schoppen Wein ist mein Begehr."

Der Kellner ist leicht irritiert.
Hat er nicht vorhin Bier serviert?
Vor Schreck trinkt er es selber aus.
Dann holt er Wein schnell aus dem Haus.

Herr Krause trinkt in langen Zügen.
Ein Glas, denkt er, sollte genügen.
Doch überlegt er sich, ach was,
ich trink' auch noch ein zweites Glas.

Dann zahlt er, geht mit steifen Beinen
nun ins Quartier, sollte man meinen.
Auf dem Rückweg liegt jedoch
wieder das Lokal „Zum Loch".

Herr Krause denkt, zum guten Schluss
wäre ein Bier ein Hochgenuss.
Das zweite Bier gibt ihm den Rest.
Er schließt die Augen und schläft fest.

Der Wirt reißt ihn aus seiner Ruh':
„Schluss für heute, ich mache zu."
Da schleicht er sich auf leisen Sohlen
zur Wirtin, um sich zu erholen.

Geschafft, da ist Herr Krause froh.
Die Wirtin lächelt wieder so.
Und dann bringt sie ihn ins Bett.
„Danke", seufzt er, „das ist nett."

Siebter Teil – Tortenschlacht

Herr Krause möchte heut' nicht geh'n.
Er denkt, ich hab' genug geseh'n.
Ich werde heut' die feinen Kuchen
im „Kaffeestübchen" mal versuchen.

Hier gibt es Kuchen und auch Torten.
Herr Krause nascht von allen Sorten.
Dann gönnt er sich zum guten Schluss
noch Quarkkäulchen, welch' ein Genuss.

Zuerst trinkt er auch brav Kaffee.
Dann denkt er freudig, wie ich seh',
gibt es den Goldriesling hier auch.
Dann bleib' ich doch bei meinem Brauch.

Bei einem Glas bleibt's wieder nicht.
Ihm fehlt ganz schnell die Übersicht.
Er schaut ins Glas, sein Kopf ist schwer.
Nanu, denkt er, schon wieder leer?

Herrjeh, die machen auch schon Schluss.
Herr Krause also zahlen muss.
Doch packt man ihm 'ne Flasche Wein
und Kuchen für die Wirtin ein.

Mit Mühe kommt er zum Quartier.
Die Wirtin wartet wieder hier.
Der Abend wird noch richtig nett.
Dann bringt die Wirtin ihn ins Bett.

Achter Teil – Abschied und Heimfahrt

Herr Krause hat die letzte Nacht
noch einmal angenehm verbracht.
Am Morgen denkt er sich, wie dumm.
Die Zeit ist ja schon wieder um.

Die Wirtin kocht ihm noch Kaffee.
Dann sagt er wehmütig Adé.
Und er verspricht, denn das ist klar:
Ich komme wieder nächstes Jahr.

Um Meißen nicht ganz zu vergessen
nimmt er zu trinken und zu essen
auf seinem Weg zum Bahnhof mit,
denn er hat immer Appetit.

Bei Richter Wurst vom Meißner Schwein,
bei Schumann eine Flasche Wein.
Auch Meißner Schwerter in der Flasche
verstaut er noch in eine Tasche.

Nun, denkt Herr Krause, ist's genug.
Es ist schon spät, ich muss zum Zug.
Da sieht man ihn zum Bahnhof zieh'n.
Die S-Bahn wartet schon auf ihn.

Bis Dresden-Neustadt und dann weiter.
Herr Krause ist entspannt und heiter.
Es liegt kein Stein mehr auf den Gleisen.
Er kann bequem nach Hause reisen.

Ich habe mir den Rest der Fahrt
in diesem Falle ganz gespart.
Denn es passierte nicht sehr viel.
Herr Krause schlief, bis er am Ziel.

Und dann freut sich der Herr Krause,
macht es sich bequem zu Hause.
Und weil er Hunger hat und Durst,
trinkt er zwei Bier, isst ein Stück Wurst.

Zu Haus, denkt er, ist's auch sehr nett.
Dann geht er ganz allein ins Bett.
Er träumt nach Meißen sich im Nu.
Die nette Wirtin deckt ihn zu.

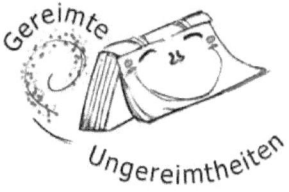

Gereimte Ungereimtheiten

Herr Krause muss zur Kur

Erster Teil – Besuch beim Arzt

Herr Krause muss zum Doktor geh'n,
denn der hat ihn lang nicht geseh'n.
D'rum ruft er in der Praxis an
und fragt, wann er denn kommen kann.
„Kommen Sie gleich morgen nüchtern her",
sagt man zu ihm, oh, das wird wohl schwer.

Am Abend trinkt er noch drei Bier,
denn der Herr Krause denkt sich hier,
vielleicht verbietet man zum Schluss
mir allen Alkoholgenuss.
Er geht ins Bett, schläft selig ein,
denn morgen will er nüchtern sein.

Als er am Morgen früh erwacht,
hat er beinah' nicht d'ran gedacht.
Er will Kaffee sich einverleiben.
Halt, denkt Herr Krause, nüchtern bleiben.
Dann geht er los mit leerem Magen
und fühlt ein leichtes Unbehagen.

Beim Doktor ist er dann bescheiden.
Zunächst muss er sich ganz entkleiden.
Man nimmt ihm Blut ab und Urin
und sagt: „Nun legen Sie sich hin.
EKG und Ultraschall
brauchen wir in jedem Fall."

Der Arzt schaut ernst nach der Tortur
und sagt: „Sie brauchen eine Kur.
Bad Salzdetfurth ist nicht weit.
Warten Sie auf den Bescheid."
Herr Krause denkt, das ist doch Klasse.
Die Kur bezahlt die Krankenkasse.

Zu Haus macht er ein Bierchen auf,
denkt an die Kur und freut sich d'rauf.
Meint er, dass das ein Urlaub wird?
Er wird schon merken, dass er irrt.
Am Abend geht er froh ins Bett
und denkt sich, das wird sicher nett.

Zweiter Teil – Kurantritt

Herr Krause muss zum kuren geh'n.
Bad Salzdetfurth ist vorgeseh'n.
Drei Wochen muss Herr Krause warten.
Dann kommt die Nachricht, er kann starten.
Die Zeit hat reichlich er genutzt
und noch so manches Bier verputzt.

Mein Koffer, kommt ihm in den Sinn,
ist da auch wirklich alles drin?
Er packte ihn schon vor 'ner Weile.
Vergaß er auch nichts in der Eile?
Er denkt, man muss gerüstet sein.
und legt sechs Flaschen Bier noch 'rein.

Sein Koffer ist nun reichlich schwer.
D'rum ruft er sich ein Taxi her.
Das fährt zum Bahnhof ihn bequem.
Die Kur beginnt so angenehm.
Er denkt, nun hab' ich Zeit genug.
Doch da kommt auf Gleis eins der Zug.

Nach einer knappen halben Stunde
kommt aus dem Lautsprecher die Kunde:
Bad Salzdetfurth – am Solebad.
Da steht ein Fahrer schon parat.
Zur Kurklinik geht's mit dem Bus,
damit er nicht weit laufen muss.

Am Empfang steht schon bereit
Oberschwester Adelheid.
„Herzlich Willkommen hier im Haus.
Ach bitte, füllen Sie das aus."
Sie drückt ihm, noch ist sie charmant,
den Fragebogen in die Hand.

„Dann können Sie sich erstmal schonen.
Ich zeige Ihnen, wo Sie wohnen."
Herr Krause denkt, nett ist es hier.
Ich trinke gleich erstmal ein Bier.
Brav füllt er aus das Formular.
Ordnung ist wichtig, ist ihm klar.

Er schaut zum Koffer, ach du Schreck.
Wieso ist der denn plötzlich weg?
Doch da sagt die Oberschwester:
„Es ist alles gut, mein Bester.
Ihr Koffer wird schon ausgeleert."
Oh weh, da läuft doch was verkehrt.

Ach, Herr Krause hat's geahnt.
Es läuft anders als geplant.
Man hat sofort sein Bier gefunden,
auf das er freute sich seit Stunden.
Die Oberschwester schaut pikiert:
„Das Bier wird gleich mal konfisziert."

„Alkohol ist nicht erlaubt.
Oder haben Sie geglaubt,
man sieht das hier nicht ganz so eng?
Das ist ein Irrtum", sagt sie streng.
„Zur Strafe streiche ich die Pause.
Kommen Sie gleich mal mit, Herr Krause."

Ach, es kommt für ihn noch schlimmer.
Nun steht er im Doktorzimmer.
Und es lässt sich nicht vermeiden,
er muss wieder sich entkleiden.
Man schaut ihn an von Kopf bis Zeh.
Dann fragt man: „Wo tut es denn weh?"

Der Doktor schaut sehr groß und wichtig:
„Sie sind hier eigentlich nicht richtig.
Zu uns kommt man zur REHA nur.
Sie brauchen eine Badekur.
Doch können Sie auch bleiben jetzt.
Wir sind zurzeit nicht ganz besetzt."

„Essen und Trinken Sie zu viel?
Dann haben wir doch schon ein Ziel.
Sie sind zu klein für Ihr Gewicht,
doch größer kriegen wir Sie nicht.
D'rum setze ich Sie auf Diät.
Dafür ist es noch nicht zu spät."

Herr Krause denkt sich, Manno man,
das fängt ja hier schon sehr gut an.
Ich dachte, ich soll mich erholen.
Da wird mir gleich mein Bier gestohlen.
Heut' Nacht geht traurig er ins Bett.
„Die Kur", seufzt er, „wird doch nicht nett."

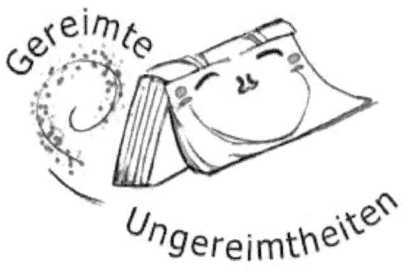

Gereimte Ungereimtheiten

Dritter Teil – Der Kurschatten

Herr Krause will spazieren geh'n,
den Kurpark sich genau beseh'n.
Am Frühstückstisch trifft er Frau Schmidt.
Die Dame kommt sehr gerne mit.
Doch schon sehr bald bereut Herr Krause,
dass er zu zweit ging aus dem Hause.

Denn seine Kehle ist sehr trocken.
Es gab nur Tee und Haferflocken.
Ganz instinktiv führ'n ihn die Schritte
zu „Witwe Bolte" hin, na bitte.
„Frau Schmidt", sagt er, „ich lad' Sie ein.
Ein kleines Bier wär' doch jetzt fein."

Doch da ruft Frau Schmidt entsetzt:
„Bier wollen Sie trinken - jetzt?
Herr Krause, wir sind hier zur Kur.
Da gibt es Tee und Wasser nur.
Auf Bier müssen Sie mal verzichten.
Ich werd' es sonst dem Arzt berichten."

Herr Krause seufzt: „Es tut mir leid.
Ich mag halt Bier von Zeit zu Zeit.
Doch ich versprech', ich bleibe brav.
Es ist doch gut, dass ich Sie traf."
Aber im Stillen denkt er bloß,
wie werde ich die wieder los?

Weil man das so verordnet hat,
geht's nachmittags ins Solebad.
Gymnastik, Schwimmen, Wassertreten,
danach will man ihn tüchtig kneten.
Und dann bestreicht man ihn mit Moor.
Das kommt ihm ziemlich seltsam vor.

So geht's von nun an täglich weiter.
Das findet er bald nicht mehr heiter.
Und nie fühlt er sich richtig frei,
denn immer ist Frau Schmidt dabei.
Wenn er am Abend sinkt ins Bett,
träumt er, dass er ein Bierchen hätt'.

Vierter Teil – Die Freiheit winkt

Herr Krause will gar nicht mehr geh'n.
Denn kaum hat ihn Frau Schmidt geseh'n
will sie auch mit auf diesen Gang.
Das geht nun schon zwei Wochen lang.
Und dann nur Knäckebrot und Wasser.
Herr Krause wird ganz dünn und blasser.

Nur der Doktor scheint zufrieden.
Ihm wird Disziplin beschieden.
„Herr Krause", sagt er, „das ist gut.
Behalten Sie jetzt nur den Mut.
Zehn Kilo haben Sie schon verloren.
Bald fühlen Sie sich wie neugeboren."

Herr Krause denkt, das will ich nicht.
Ich war ganz froh mit dem Gewicht.
Seit Jahren hab' ich es behalten.
Ich bleibe lieber doch beim alten.
Viel Disziplin und viel Geduld?
Von wegen – nur Frau Schmidt ist schuld.

Doch endlich naht die Abschiedsstunde.
Herr Krause hört die frohe Kunde:
Frau Schmidt wird als geheilt entlassen.
Hurra, er kann sein Glück kaum fassen.
Zum Abschied lächelt er sie an,
was man auch anders deuten kann.

Am Nachmittag geht er brav schwimmen.
Er lässt sich kneten, lässt sich trimmen.
Das alles nimmt er gern in Kauf.
Er hat was vor und freut sich d'rauf.
Denn er will nach der Tortur
erst einmal auf „Kneipentour".

Jetzt trinkt er, was er längst schon wollte,
ein Bierchen in der „Witwe Bolte".
Das reicht nicht, nein er trinkt gleich drei
und isst ein Schnitzel noch dabei.
Er lacht, weil er das lang entbehrt.
Doch scheinbar war das jetzt verkehrt.

Er konnte immer viel vertragen,
doch plötzlich rebelliert sein Magen.
Er sucht nach der bewussten Tür,
erhofft sich Rettung dort dafür.
Und dann eilt er zum Versteck.
G'rad noch rechtzeitig, oh Schreck.

Doch da erscheint mit einem Mal
die Oberschwester im Lokal.
Sie ruft: „Ist ein Herr Krause hier?"
Die Gäste schauen in ihr Bier.
Herrn Krause? Sollte man den kennen?
Hier muss man nicht den Namen nennen.

Herr Krause stellte sich nicht vor,
bevor er seinen Halt verlor.
Und das war vielleicht sein Glück.
Aber da kommt er zurück.
Er versucht noch schnell, zu flieh'n.
Doch zu spät, schon sieht sie ihn.

„Herr Krause", ruft sie ganz empört.
„Das ist doch wirklich unerhört.
Sie sind auf Diät gesetzt.
Zahlen und dann Abmarsch jetzt."
Herr Krause zahlt, er fühlt sich klein.
Dann trottet er brav hinterdrein.

Der Weg nach oben zieht sich sehr,
denn jeder Schritt fällt ihm nun schwer.
Die Oberschwester schimpft noch immer
und bringt ihn sofort auf sein Zimmer.
„Sie bleiben hier und warten ab,
bis ich den Arzt gesprochen hab'."

Herr Krause wartet gar nicht lange.
Dann ruft man ihn und ihm wird bange.
Man wird doch wohl nicht übertreiben,
lässt ihn zur Strafe länger bleiben?
Voller Kummer denkt Herr Krause,
ach, ich möchte gern nach Hause.

Die Freiheit war doch schon so nah,
und nun sitzt er als Sünder da.
Doch es kommt anders als gedacht.
Sein Wunsch wird endlich wahrgemacht.
Der Doktor schaut auf die Papiere
und sagt zu ihm: „Ich resigniere."

„Viel Mühe hab' ich mir gegeben,
damit Sie führ'n ein neues Leben.
Doch wer nicht hört auf meinen Rat
bei uns nichts mehr verloren hat.
Das war's für Sie, ich werf' Sie raus.
Morgen verlassen Sie das Haus."

„Ach", sagt Herr Krause, „das ist schade.
Ich hab' mich eingewöhnt doch g'rade.
Ist da wirklich nichts zu machen?"
Doch im Stillen muss er lachen.
Und er denkt sich, Gott sei Dank.
Hier fühlte ich mich richtig krank.

Er schließt die Tür von außen zu
und denkt sich, endlich hab' ich Ruh'.
Herr Krause fühlt sich richtig jung,
läuft gleich die Treppe 'rauf mit Schwung.
Erleichtert legt er sich ins Bett,
träumt von zu Hause, das wird nett.

Gereimte Ungereimtheiten

Fünfter Teil – Endlich nach Haus

Herr Krause muss nach Hause geh'n,
denn man will ihn hier nicht mehr seh'n.
Darüber ist Herr Krause froh,
denn ihm gefällt's hier gar nicht so.
Er packt den Koffer und geht munter
dann in den Frühstücksraum hinunter.

Zum Frühstück gibt's nur Knäckebrot.
Das isst er diesmal ohne Not.
Er denkt, ich kauf' nachher gleich ein.
Schinken und Käse, extra fein,
dazu auch noch 'ne gute Wurst
und Bier natürlich für den Durst.

Und dann gibt man ihm zum Glück
die sechs Flaschen Bier zurück,
die man am Anfang hat kassiert.
Das läuft ja wirklich wie geschmiert.
Man fährt ihn sogar noch zur Bahn.
Der Tag, denkt er, fängt sehr gut an.

Zum Abschied winkt er noch einmal.
Ach, denkt er, das war eine Qual.
Zu Haus werd' ich erstmal was essen
und die Diät ganz schnell vergessen.
Wurst, Schinken, Käse, Bier dabei.
Ist das nicht herrlich, ich bin frei.

Am Hauptbahnhof steigt er dann aus
und trägt den Koffer schnell nach Haus.
Und da er das genießen muss
geht selbstverständlich er zu Fuß.
Dort angekommen stellt er bloß
den Koffer ab, dann geht er los.

Ein Kasten Bier ist schwer zu tragen,
d'rum nimmt Herr Krause seinen Wagen.
Ein Wagen, den wohl jeder kennt,
den man auch „Hackenporsche" nennt.
Der ist sehr praktisch und trägt viel.
Die Brauerei ist nun sein Ziel.

Dort gibt's ein Bier, das liebt er sehr.
„Brunhilde", süffig, nicht zu schwer.
Es ist zwar teurer als die Massen,
doch heut' will er es krachen lassen.
Das erste Bier trinkt er vor Ort.
Dann geht er mit dem Kasten fort.

Es ist heut' Markttag, stellt er fest.
Darum besorgt er dort den Rest.
Denn er hat reichlich nun zu Trinken,
doch fehlt noch Käse, Wurst und Schinken.
All das bekommt er hier ganz frisch
für einen gut gedeckten Tisch.

Sein Hackenporsche ist randvoll.
Herr Krause denkt sich, wundervoll.
Ich werd's mir jetzt gemütlich machen.
Diät? Darüber kann ich lachen.
Ich habe so viel abgenommen,
muss nun wieder zu Kräften kommen.

Zu Haus nimmt er aus seinem Schrank
'ne große Platte – blitzeblank.
Darauf verteilt er seinen Schatz.
Dann nimmt er auf dem Sofa Platz.
Ja, denkt er, das ist doch Kultur.
Nie wieder fahre ich zur Kur.

Er öffnet eine Flasche Bier.
„Brunhilde", seufzt er, „komm zu mir.
Du bist die Frau, die ich heut' will,
lässt dich umarmen und bleibst still."
Dann leert er sie in einem Zug.
Doch hat er längst noch nicht genug.

Herr Krause rührt sich nicht vom Fleck,
trinkt ein Bier nach dem ander'n weg.
Die Wurst, der Schinken, Käse auch,
verschwinden nach und nach im Bauch.
Und nun fühlt sich der Herr Krause
endlich wieder ganz zu Hause.

Nachdem er alles ausgetrunken
ist sanft er in den Schlaf gesunken.
Da erscheint, man glaubt es kaum,
Schwester Adelheid im Traum.
Erschrocken flüchtet er ins Bett.
Nee, denkt er, das war nicht sehr nett.

Ende

Inhalt

Inhalt

Inhalt

ElviEra Kensche
wurde 1952 in Bad Salzdetfurth geboren
und lebt heute in Hildesheim.
Sie ist Mitglied bei den
Hildesheimlichen Autoren e.V.
und im Verein der Schriftstellerinnen
und Künstlerinnen Wien.
Bisherige Veröffentlichungen, Neuigkeiten
und aktuelle Texte unter
www.elvieras-schreibfeder.de

Zeitfracht Medien GmbH
Ferdinand-Jühlke-Straße 7
99095 Erfurt, Deutschland
produktsicherheit@kolibri360.de